念善心匠

戊戌之秋陈建武书

天生就是 X·人体力态学
丛书编委会

主　编：吴　霖

副主编：杨万勇　郑文杰

成　员：赵建夫　陈伟平　李晓岚

X

天生就是X·人体力态学

人体力态
的维限与传导

吴　霖◎著

暨南大学出版社
JINAN UNIVERSITY PRESS

中国·广州

图书在版编目（CIP）数据

人体力态的维限与传导/吴霖著 . 一广州：暨南大学出版社，2021.5
（天生就是 X. 人体力态学）
ISBN 978 - 7 - 5668 - 3120 - 0

Ⅰ. ①人…　Ⅱ. ①吴…　Ⅲ. ①人体动力学　Ⅳ. ①G804. 63

中国版本图书馆 CIP 数据核字（2021）第 040645 号

人体力态的维限与传导
RENTI LITAI DE WEIXIAN YU CHUANDAO
著　者：吴　霖

出 版 人：张晋升
责任编辑：曾鑫华　高　婷
责任校对：张学颖　王燕丽
责任印制：周一丹　郑玉婷

出版发行：暨南大学出版社（510630）
电　　话：总编室（8620）85221601
　　　　　营销部（8620）85225284　85228291　85228292　85226712
传　　真：（8620）85221583（办公室）　85223774（营销部）
网　　址：http：//www. jnupress. com
排　　版：广州市天河星辰文化发展部照排中心
印　　刷：佛山市浩文彩色印刷有限公司
开　　本：787mm×960mm　1/16
印　　张：11. 75
字　　数：175 千
版　　次：2021 年 5 月第 1 版
印　　次：2021 年 5 月第 1 次
定　　价：56. 00 元

总　序

　　人体是一个由众多子系统组成、具有"X型＋滑轮组＋张拉整体"结构的复杂系统。这个系统中力的运行及其与代谢的耦合状态就是人体力态。

　　组成人体的子系统包括骨架、肌肉、筋膜、皮肤、血管、神经、消化、呼吸、泌尿、生殖、淋巴和免疫等；人体的"X型＋滑轮组＋张拉整体"结构具有内外平衡的力学动态转化和分配功能。对于任何方向（或任何点）的力，无论是输入还是输出（无论是压力，还是拉力），均为"整体应答"。内外平衡的力学动态转化分配功能决定其力学性的"生克机制"和"代偿机制"。

　　系统中的"力"具有能量、信息、关系和时空等多重属性。力的传输是能量的传输，并可以做功；力的感应和传导是信息的应答与传导；力的作用是相辅相成和内外平衡的，是局部与整体、微观与宏观相互转化的。"态"具有整体性、动静两重性和虚实两重性，"态"的实性与"姿""形"和"体"相关，如"姿态"（"行、立、坐、卧、蹲、跪、躺、趴"）、"形态"和"体态"；"态"的虚性与"神"和"气"相关，如"神态""气色"，或表达为"精、气、神"。

　　系统的运行需要环境的支持，即"系统"对"环境"的依赖关系。人体需要与外部环境保持"物质""能量"和"信息"的交流，同时为内部的细胞和子系统提供环境支持，子系统之间同样保持"物质""能量"和"信息"的交流。人体的"X型＋滑轮组＋张拉整体"结构对子系统具有系统化整合功能，即人体的整体功能是所有子系统功能协同整合的效果。系统化整合功能决定其功能性的"生克机制"和"代偿机制"。

　　"力态"属于"功能状态"，决定于"组成和结构"，同时调控着组成和结构。在人体复杂系统中，筋膜（结缔组织）担负着生物力学传导功能；起着对各个子系统的结构与功能进行系统化和整体化的作用。例如，筋膜使骨骼形成骨架系统，使肌肉群形成肌肉系统；筋膜将力学传导系统（力学信息）、神经系统（神经信息）和血管、淋巴系统（化学信息）整合成为全息性通信系统；筋膜通过与胞外基质的连接，把人体构建成一个从细胞、脏器到整体，多层次的张拉整体结构。这样，宏观的力学作用，通过筋膜到胞外基质，可以调控细胞的微观力学环境，从而影响细胞代谢，产生物理因子与化学因子的耦合作用。

较之于爬行动物的"框架型动态平衡力学结构"，人体的"X型+滑轮组+张拉整体"结构具有更复杂多样的运动形式。人由于直立行走，视野开阔，双手敏捷，精细控制力强，更有利于信息资源的获取和工具的开发使用，但以相对降低运动效能为代价；由于直立行走，需要在确保大脑和脏器安全的前提下有效对抗重力和合理利用重力。因此人体的"X型+滑轮组+张拉整体"结构衍生出了基于重力作用的自我保护机制和节能机制。

由于职业、工作方式和生活习惯的不同，"X型+滑轮组"运动模式中力的传导机制也因人而异，即每一个人的"力态"将不尽相同。长时间不均衡的运动或用力方式将导致力态的失衡。而局部失衡通过代偿机制和时间变量的作用将发生迁移与传导，最终波及"整体"。

"局部与整体""系统与环境""生克机制""代偿机制"均是矛盾对立统一的关系。因此人体力态是一种矛盾对立统一的状态。

以"X型+滑轮组+张拉整体"结构为特征的人体力态学理论模型，是吴霖先生对人体的组成、结构与功能进行微积分思维所得的结果。现代人体解剖学、细胞生物学和分子生物学等，在微分思维方向上已有深厚的积累；肌筋膜学领域的最新研究成果，使得以《解剖列车——徒手与动作治疗的肌筋膜经线》为代表的人体结构理论正在沿着积分思维方向前进；"递弱代偿"理论（见王东岳《物演通论》）在生命的哲学观上的启迪……这些都为吴霖先生的人体力态学理论的萌芽提供沃土；人体力态学理论模型，也是吴霖先生在康复治疗研究中一系列创新实践的集成和升华，十几年康复治疗实践所积累的大量案例，为人体力态

学理论模型的形成、检验、修正和完善提供有力的支持。人体力态学理论模型的合理性、意义和价值，直接从其解决实际问题的有效性中得到检验确证。

本丛书言简意赅，作者尽量使用图表并结合实例，使读者容易理解人体力态学的意义和实用价值。本丛书首批奉献给读者的有以下3册：

（1）《人体力态的维限与传导》，着重介绍人体的"X型＋滑轮组＋张拉整体"结构和运动模式，阐明人体力态及其传导机制。本书基于进化的视角研究人体步态和力态的形成与演变规律，从爬行动物到哺乳动物再到人，找到其中的联系和变化，关注从爬行动物的框架型动态平衡力学结构演化成人体的"X型＋滑轮组＋张拉整体"结构和运动模式所引起的一系列力态变化。本书是人体力态诊断、评估和针对性干预、调理和康复应用的基础。

（2）《人体运动功能障碍及其干预》，着重介绍脑损伤后遗症运动功能障碍的力态特征、力态评估分析和力态调理方法。书中介绍如何通过控制特定肌群和关节的运动参与，合理抑制代偿，确保作用力能够按照精心设计的路径进行传导，精准激活目标肌群。当目标肌群释放其弹性势能时，则能有效消除其肌张力；当目标肌群得到适当的舒张—收缩刺激时，则可逐渐恢复其正常功能。力态调理方法的独特优势，就是不在身体的"问题所在处"直接下手，而是通过其远端肢体的受控运动，即"远距离、多方位"的手法操作来解决问题。

（3）《人体力态康复设备及手法》，重点介绍力态康复设备的基本原理、应用范围和操作使用方法等。设备研发就是把力态康复操作手法植入设备中，形成专属配套设备，从而使力态康复操作实现标准化、器械化和集约化，并逐步智能化。这是人体力态学理论的另一种成果表达。

吴霖先生对于自己的研究成果并没有作为"独门秘籍"私传，而是公开奉献给社会。人体力态学的一系列应用研究，是社会化合作开展的，有关成果将以丛书、论文或专利等形式陆续公之于众。

本人充满敬意和喜悦之情与大家分享自己的认识及体会。本人认为推动人体力态学理论的应用发展是一项利益大众的事业，应该成为大家共同的事业！

　　对于人体健康问题，人体力态学理论提出了新的观点和解决思路。针对每个人当前的自身力态特点，如何选择合适的运动锻炼方法和方式，人体力态学理论具有普遍的指导意义。基于人体力态学理论的开放性和兼容性，有望与传统治疗方法或其他各种物理疗法相结合而产生协同效果；基于细胞微环境中物理因子与化学因子的耦合作用，有望在细胞水平或分子水平上，进一步阐明力态康复机理。本人衷心希望相关领域的专家学者能与之携手合作，不断深化研究，共同推广应用。

　　开放的思想，开放的理论体系，每一个有缘的人，都可以共同享有并从中获益。

郑文杰

2021 年 1 月 12 日

序

　　生命在于运动。最新医学研究证实坚持一定量以及一定强度的运动可以明确降低死亡风险。习近平总书记在十九大报告中提出了"健康中国"发展战略，强调要完善国民健康政策，为人民群众提供全方位全周期健康服务。2019 年 7 月，国务院印发《关于实施健康中国行动的意见》，明确提出实施全民健身行动，同时强调运动需要科学。

　　运动达到一定强度，特别是不科学的运动，将不可避免地带来运动损伤。如何科学地运动，乃至预防和治疗运动损伤，以及运动损伤后的康复显得越来越重要。作为一个受过国内外医学严格培训，而且做了 38 年临床工作的临床医生，我对相关运动医学了解并不多。但就我看来，相比现代医学，科学运动及运动损伤的预防、治疗和康复所受的重视程度不高，其研究、应用和发展水平要相对落后一些。正是因为如此，我才有幸结识了吴霖先生并有幸拜读了他即将出版的这本著作。

　　初识吴霖先生是因为我在运动中损伤了膝关节而且比较严重。虽然我在国内知名大学附属医院工作，医院也不乏相关知名专家和各种先进的康复理疗手段与技术，但酷爱运动的我，对关节损伤后的康复要求很高，既要求康复速度快，又希望完全恢复运动能力。听闻吴霖先生治疗了部分国家级运动员的运动损伤，而且效果显著。经人介绍，请他指导我进行膝关节运动损伤后的康复。初次见面，经过简单沟通和查看我的步态，他马上指出我有脊柱侧弯（的确我有轻度的脊柱侧弯，但一般要从 X 片中才能发现），平日的行走跑步姿势存在问题，这是我膝关节损伤的根本原因之一。同时，他从人体解剖学、运动力学（包括姿势、步态、肌肉运动方向、骨关节构成等）指出，膝关节本身的治疗和康复是局部的，但如果不从整体调整和整体康复出发，膝关节损伤的修复会不彻底，而且再次运动时存在极大的复发风险！在吴霖先生随后数次的手法康复治疗过程中，他又详细和我讲解了他这一套结合人体解剖学和运动力学的理论依据。使我惊讶的不仅仅是通过他的治疗，我膝关节损伤的恢复速度惊人，很快便完全恢复了运动能力；更令我想象不到的是，吴霖先生并没有接受过专业医学或运动医学教育，而是自学成才的！他对极其复杂的人体解剖和运动力学理论的掌握程度，以及对二者的高度融合，远远超过了一般的专业人士；而他对运动康复的整体和局部的结合、治疗和预防的结合也完全符合现代医学的观点。

如今，吴霖先生把这一套有关的理论和思考，汇聚成一本专著，呈现给各位读者。我不是运动医学专业人士，对其中很多理论仅是一知半解，不敢妄加评论。但在学术争鸣、百花齐放的改革开放年代，本书的出版和发行，对如何科学运动、如何预防运动损伤，以及运动损伤康复的研究和临床应用无疑有重要的促进作用。我完全赞同郑文杰先生在丛书总序所表达的意见，希望相关领域的专家和学者能携手共进，进一步推进科学运动和科学防治运动损伤的研究和应用，助力全民健身行动，助力健康中国，实现中华民族的伟大复兴！

徐安定

2021 年 4 月 19 日于暨南苑

前　言

　　研究人类直立行走是一件令人着迷的事。直立行走让人类的双手得到解放，可以制造使用工具，是人类和其他哺乳动物的重大区别之一，也是人体行为的重要特征之一。任何事都会有两面性，直立行走也给人类带来很多负面影响，比如导致产生脊柱类的疾病。

　　一条腿在从脚跟着地到脚尖跷起离开地面，以及两条腿交替运动的这几秒，身体运动的变化就是步态。通过步态研究可以从人的步态中观察出身体运动模式的某些错误，从而推导出肌肉关节的失衡。现代科学对人类步态的研究已经有几十年了，无论是哪种学说，对关节和肌肉之间、肌肉与肌肉之间、关节与关节之间的研究都做得非常详细。大量的研究成果应用在医学、康复学、运动学、仿生学等领域中。

　　在朋友的推荐下，我看了王东岳先生的人体哲学课程，发现他在研究中加入了时间维度，这让我认识到仅仅观察人的步态是非常局限的，如果把时间维度加入，从爬行动物到哺乳动物再到人，找到三者的区别和相关联系，将更加有利于对人体步态的研究。

　　本书将从另外一个视角解析人类的步态，关注点在框架型动态平衡力学结构上。从进化的角度看步态，推导出 X 型框架结构，再从 X 型框架结构推出人体的滑轮组运动模式，通过滑轮组看脚掌对地面的压力是否能平衡。四足动物在静态时是四点支撑，在动态时两点支撑；而人类在静态时是两点支撑，在动态时是一点支撑。我们的支撑比四足动物少了一半，在这样的情况下保持平衡，X 型框架结构起了决定性的作用。

　　大自然中没有一种颜色的花能代替其他颜色的花，万紫千红是自然规律，每种颜色的花都有它的作用，并且它们有可能是相互共生和相互抑制的。总能听到中医或者中医爱好者说，哪儿疼不治哪儿，这意味着我们的老祖宗在很多年前就开始对身体做整体性的研究了。西方医学中的筋膜学和肌动学也都有关于整体性的研究。关于"整体"的解释也有好多种，各家的说法都有意义，很难说某一种解释是完全正确的，能完美地代替其他所有的解释。每一种学说都是用不同的表达方式描述对事物的一种看法。本书的观点也只是对事物的某一种看法，不能代替其他观点。在此提出 X 型框架结构这个概念，因为活人处在动态的过程中，身体一定会有各种相互作用的力，怎么找到这些力之间的联系，这些联系会给身体带来什么样的压力和张力变化，是本书的研究重点。

吴霖

2021 年 2 月

目　录

1　基本概念

1.1　用图表看阴阳关系

1. 阴阳关系

本书中将会出现大量的阴阳关系，甚至所有的理论都建立在阴阳关系的基础上。本书把人体的整体关系看成是一个圆，这个圆总的比例是100%，既不会超过100%，也不会少于100%。

2. 相互平衡关系

阴和阳各占50%，这是一种理想式的绝对平衡关系。因为绝对理想，所以在人体中不会出现，相对的平衡是人体的常态。

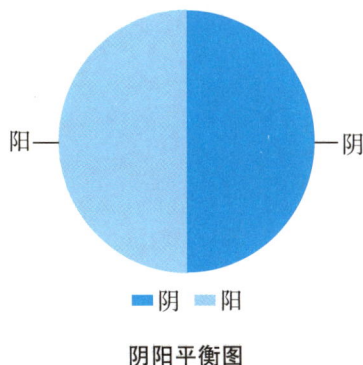

阳　　　　　　　　　　　　阴

■ 阴　■ 阳

阴阳平衡图

3. 相互共生关系

假如阴没有了，阳就是一个半圆，不会成为一个圆，也就无法成为一种整体关系。阳是在圆中的一种关系，如果圆不存在了，阳这个关系也就不存在了。因此，没有阴就没有阳，没有阳就没有阴。阴和阳是一个事物的两个面，单独看阴或者阳，都无法看清事物。

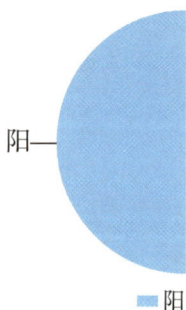

阳———

■ 阳

4. 相互抑制关系

当阳的比例在整体关系中非常高时，阴在整体关系的比例自然减少，反过来也一样。整体关系这个圆只有100%，一个关系占了70%，另外一个自然就是30%。

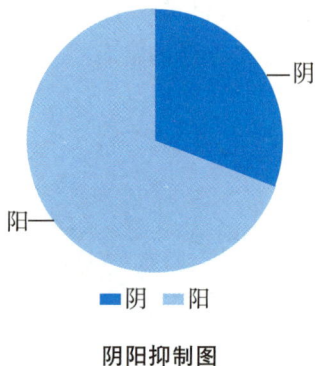

阴———

阳———

■ 阴 ■ 阳

阴阳抑制图

5. 相对的平衡

虽然人体的运动是有时间性的，但不会出现绝对的静止。既然人体是动态的，就有波动，在时间轴上会出现相对的波动。没有波动意味着生命停止。

6. 波动中的平衡

在同一个时间点上，阴被小幅度削弱时，阳会小幅度增强，反过来也一样。在波动中保持相对的平衡，这样的波动相对平缓，是一个健康的身体自我调节的表现。

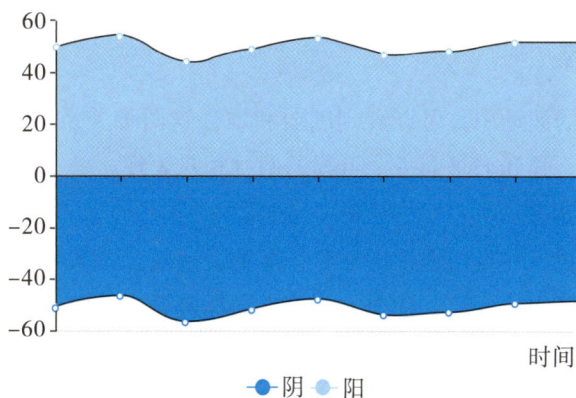

波动中的平衡图

7. 强烈的波动

在同一个时间点上，阴被大幅度削弱时，阳会大幅度增强，反过来也一样。阴阳关系混乱，出现大幅度的波动，相对平衡被打乱，这时人体的平衡就被打乱，会出现各种问题。这种病态的波动失衡，会由人体代偿机制补偿（代偿将在后面的章节讲述），产生一种病态的平衡。为了生存，人体始终是要平衡的，当一种平衡失去时，会有另外一种平衡关系补偿。

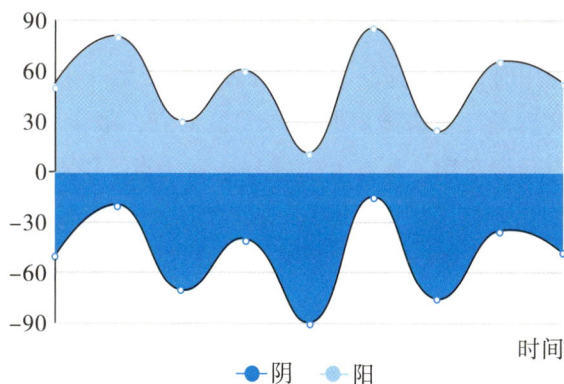

强烈的波动图

8. 强弱关系

在较大幅度的波动中，可以看到削弱和增强这两种关系，一个面被削弱时，另一个面会增强。强和弱是同一个事物的两种相对表现。

（1）用进废退。

当阴在时间线上一直习惯性增强时，阳就会递减。大家习惯用右手时，左手自然会被削弱。肌肉、骨骼、用力方式等都同样遵循这个原则。

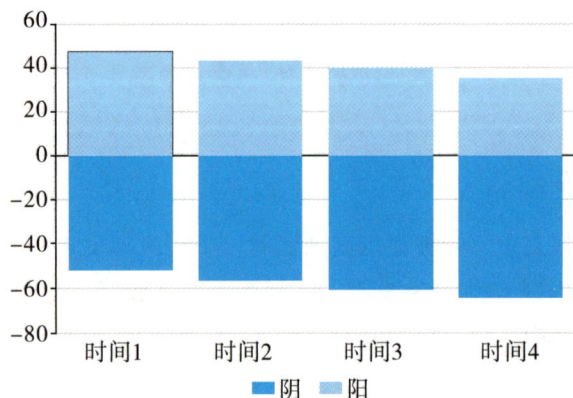

用进废退图

（2）由盛到衰。

当阴习惯被使用时，阳被抑制。阴随着时间的变化一直被增强，阳一直被削弱。当阴到达最高点后，会再随着时间降到最低点，阳会反过来，产生交替变化。比如车库中有两个车胎，A 看上去好一些新一点，B 看上去差一点旧一点，我们就把这个 A 拿出来使用，用了好长一段时间后，A 变旧了，放在车库中的那个 B 反而看上去是新的。然后我们又把看上去是新的 B 拿出来用，用了好长一段时间后，B 变旧了，车库中的那个 A 看上去又是新的。

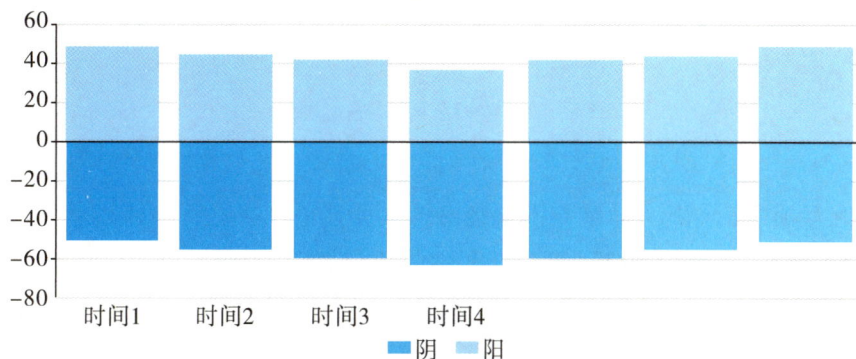

由盛到衰图

（3）由劳损到病变。

一开始当阴很强时，阳被抑制；随着时间的变化阴由盛及衰，阴被抑制，阳开始增强，这种变化是交替的过程。人体也遵循这个原理，比如右腿肌肉变强，人体习惯长期使用右腿，右腿将承受身体更多的重量，导致劳损，时间再延长，劳损处开始病变——右膝关节疼痛。因为痛得难受，人体开始使用左腿，时间长了，左膝关节也产生了病变。然后又重新使用右腿。

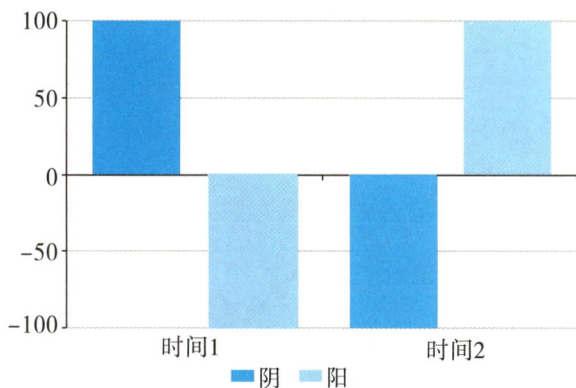

由劳损到病变图

1.2 人体运动坐标系统

在沙漠中行走的人，如果没有指南针便会迷路。在进行人体运动分析时，如果没有统一的坐标系统，那么如此多的人体动作是无法归类分析的，最后会在动作中迷失方向。生活中和本书中所有的复杂动作都可以使用运动平面坐标系进行分类分析。

1. 坐标轴

X 轴：连接左右。

Z 轴：连接前后。

Y 轴：连接上下。

2. 矢状面（*YZ* 平面）

　　侧视图的 *Y* 轴和 *Z* 轴组成矢状面，肢体或躯干向前后方向的运动都归类到矢状面，向前的运动是屈曲，向后的运动是伸展。

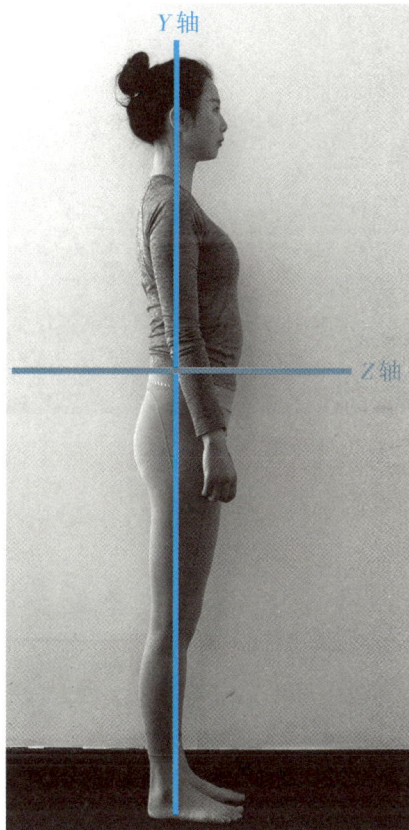

（1）髋关节屈曲/髋关节伸展。

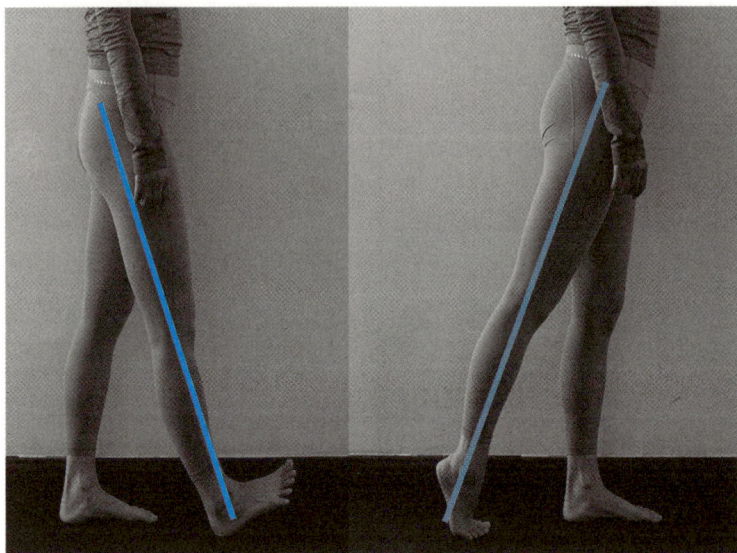

（2）肩关节屈曲/肩关节伸展。

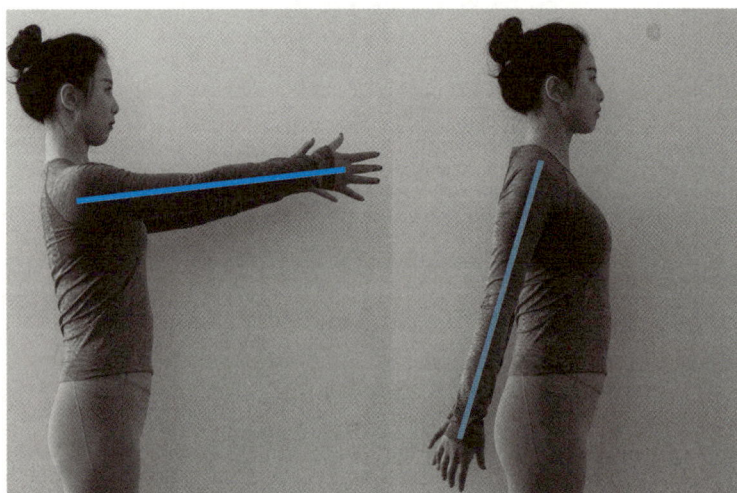

（3）脊柱屈曲/脊柱伸展。

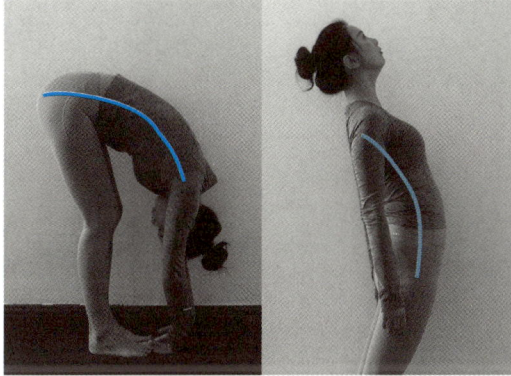

3. 冠状面（*XY* 平面）

正视图的 *Y* 轴和 *X* 轴组成冠状面，肢体或躯干向左右方向的运动都归类到冠状面。向外的运动是外展或侧弯，向内的运动是内收或回到原始位置。

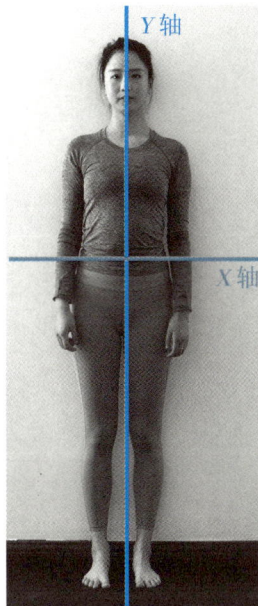

（1）髋关节外展/髋关节内收。

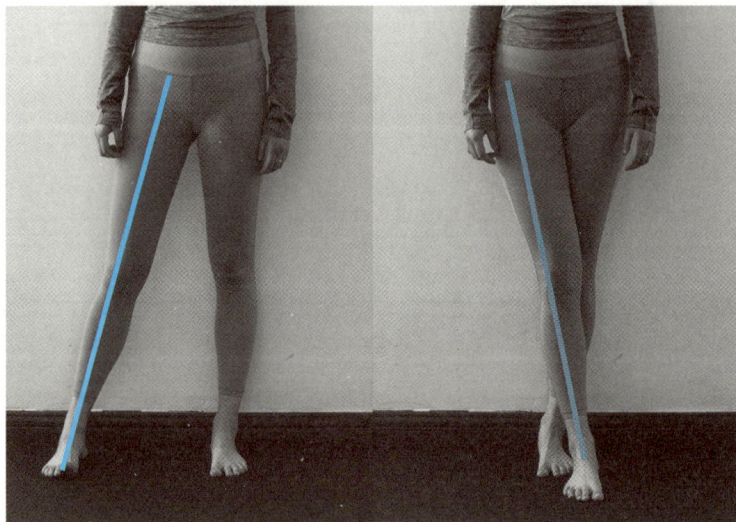

（2）肩关节外展/肩关节内收。

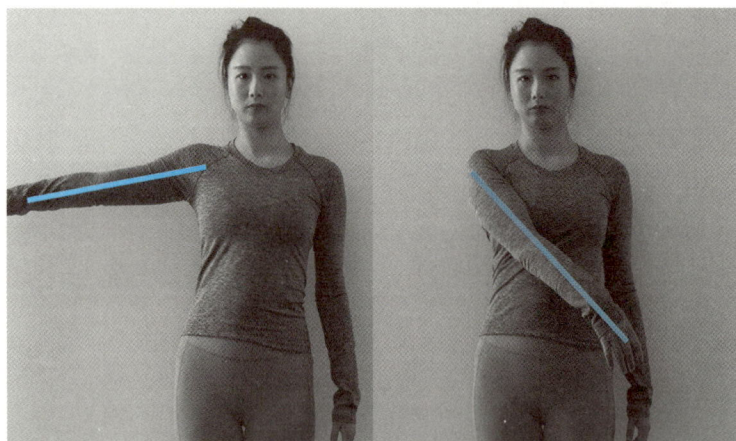

（3）脊柱侧弯/回到原始位置。

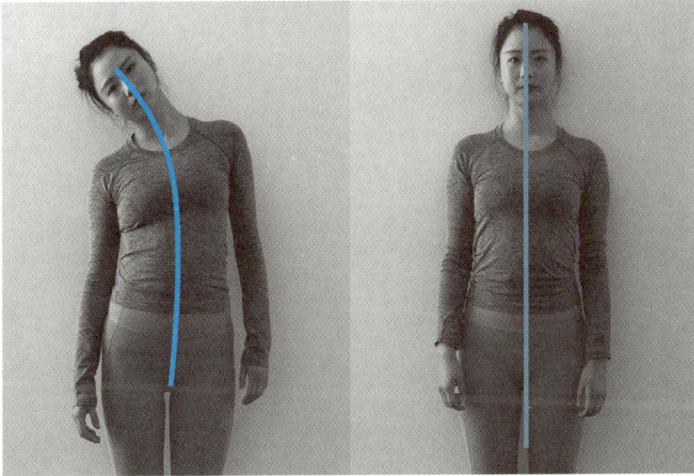

4. 水平面（*XZ* 平面）

顶视图的 X 轴和 Z 轴组成水平面，肢体或躯干的轴向旋转运动都归类到水平面。旋转运动分为向外旋转和向内旋转，向左旋转和向右旋转。

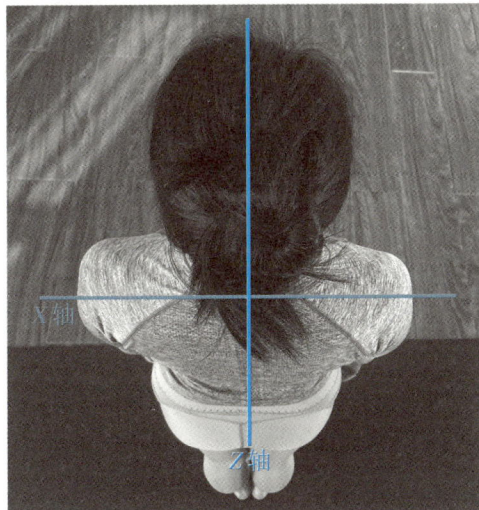

（1）髋关节外旋/髋关节内旋。

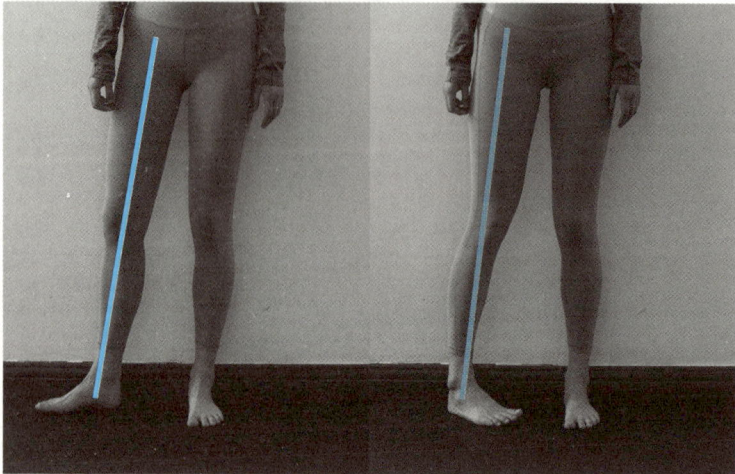

（2）肩关节外旋/肩关节内旋。

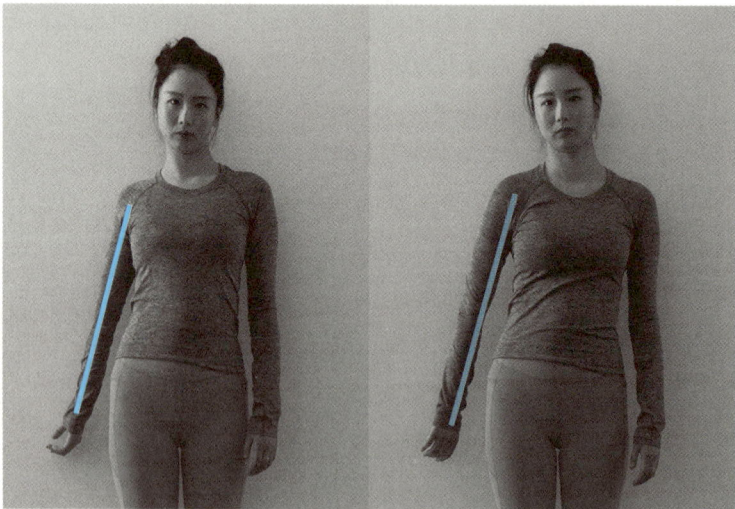

（3）脊柱扭转／回到原始位置。

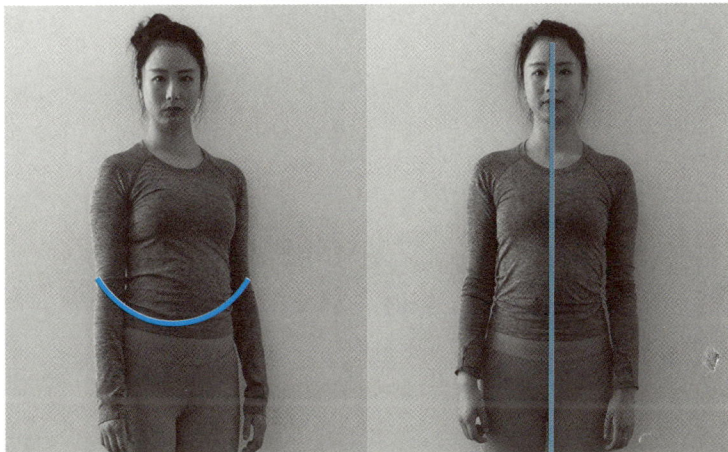

5．三个运动平面中的阴阳

（1）共生关系。

人类在直立行走时，矢状面运动驱动身体走和停，冠状面运动控制左右，水平面运动控制旋转。离开任何一个平面，人类都不可能直立行走。

（2）抑制关系。

矢状面、冠状面、水平面在正常状态下是相对平衡的，当单一个面运动过度时，其他两个平面就会受到限制；两个平面运动过度时，另外一个平面也会受到抑制。

6．一个运动平面中的阴阳

（1）共生关系。

矢状面的屈曲和伸展正好是跨越轴的两个方向，屈曲是伸展的反向运动，反之亦然。步态中，正常的髋屈曲是为了更好地伸展，反之亦然。

（2）抑制关系。

当矢状面的屈曲过度时，伸展动作自然受到限制。冠状面的内收—外展、水平面的内旋—外旋也是这个关系。

1.3 中轴系统和四肢系统

1. 中轴系统

中轴系统协调同侧上下肢和对侧上下肢运动。

（1）中轴骨。

①头骨：颅骨、颜面骨。

②脊柱：颈椎、胸椎、腰椎、骶椎、尾椎。

③胸廓：胸骨、肋骨。

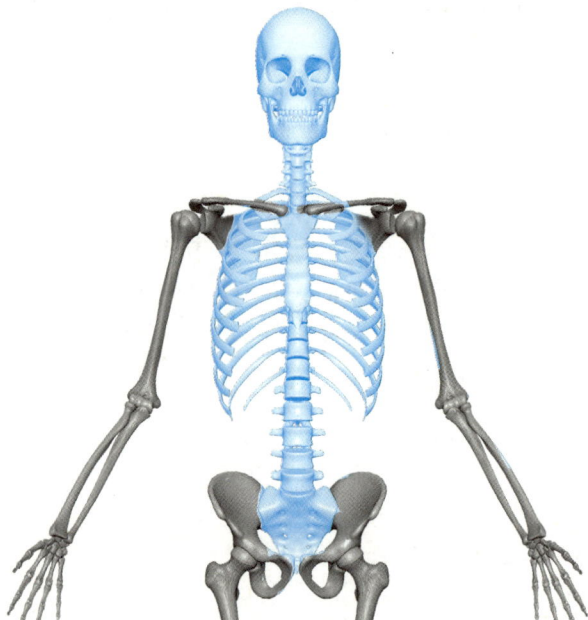

（2）中轴关节。

①无轴平面关节脊柱。

②双轴椭圆关节、寰枢关节和寰枕关节。

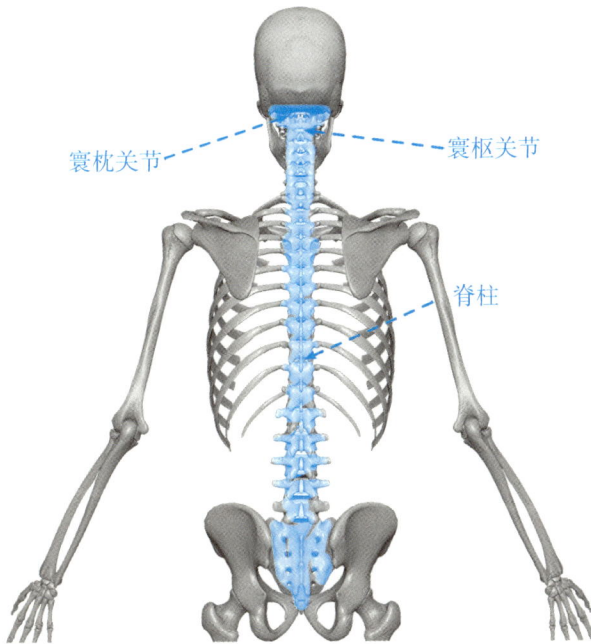

寰枕关节　　寰枢关节　　脊柱

（3）中轴肌肉。

①头颈部肌肉。

②胸腹部肌肉。

③背部肌肉。

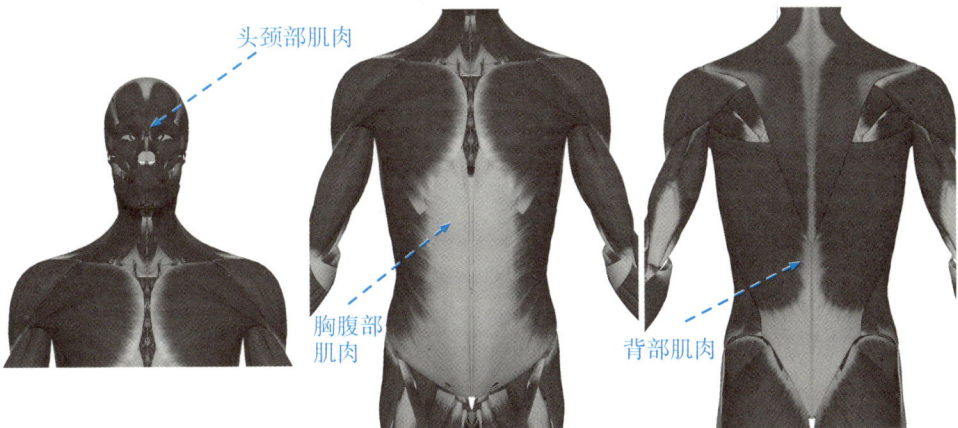

头颈部肌肉　　胸腹部肌肉　　背部肌肉

2. 四肢系统

四肢系统具有支撑和运动的功能。

（1）四肢骨。

①肩带（肩胛骨、锁骨、胸骨）和骨盆（髂骨、坐骨、耻骨）。

②上臂（肱骨）和大腿（股骨）。

③前臂（桡骨、尺骨）和小腿（胫骨、腓骨）。

④手部（腕骨、掌骨、指骨）和足部（踝骨、跖骨、趾骨）。

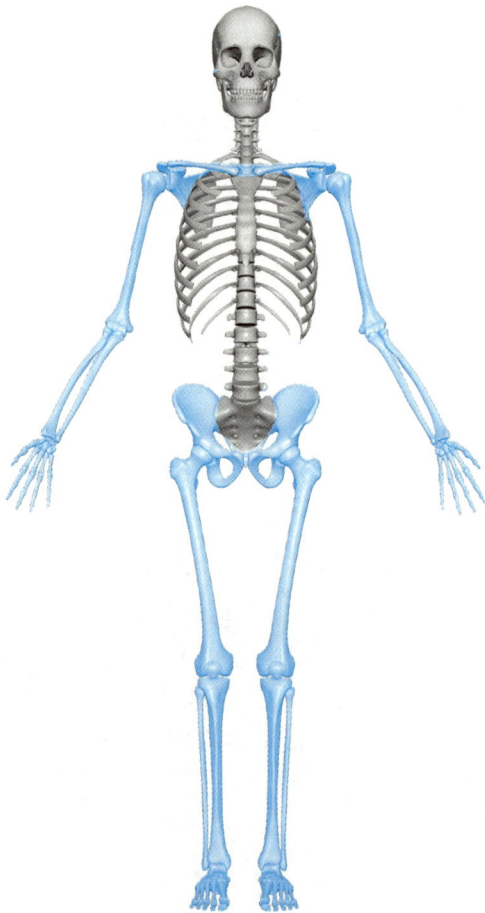

（2）四肢关节。

①三轴球窝关节：下肢髋关节和上肢肩关节。

②单轴铰链关节：下肢膝关节和上肢肘关节。

③无轴平面关节：下肢跗间关节和上肢腕间关节。

④双轴鞍状关节：下肢趾间关节和上肢指间关节。

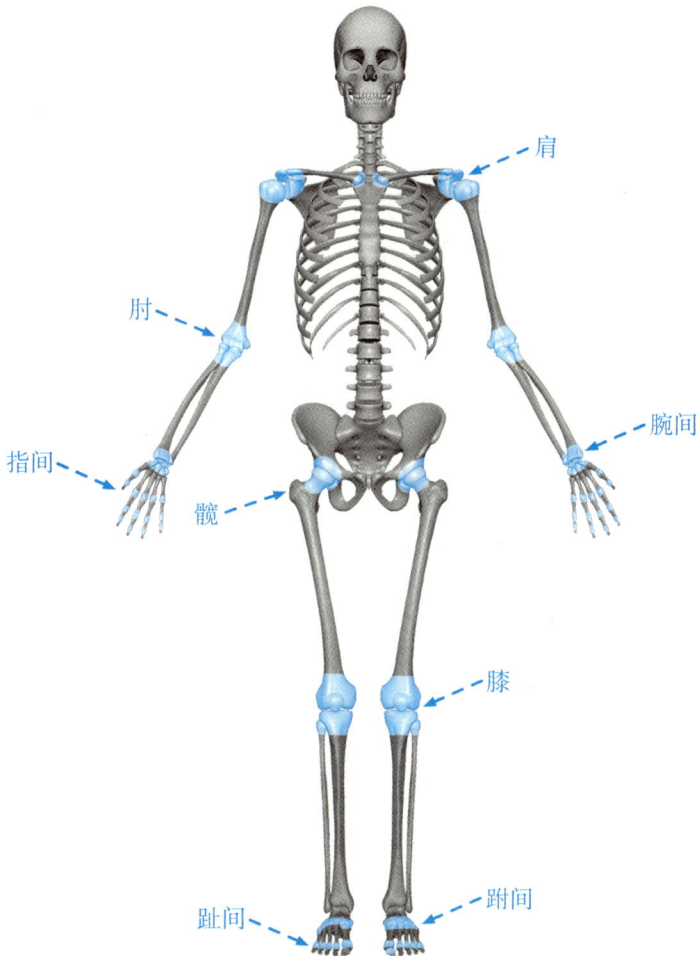

（3）四肢肌肉。

①肩关节肌肉和髋关节肌肉。

②肘关节肌肉和膝关节肌肉。

③腕关节肌肉和踝关节肌肉。

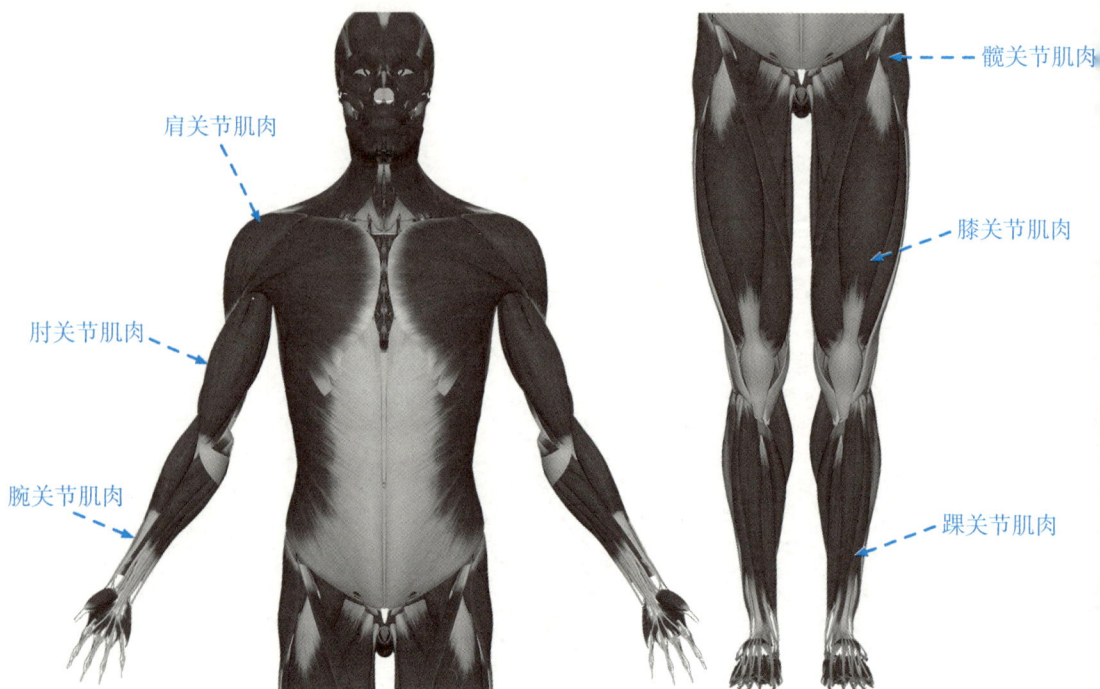

3. 中轴系统和四肢系统的阴阳

（1）共生关系。

在直立行走时，如果四肢不起作用，脊柱的协调作用只能让身体在地面蠕动，脊柱再灵活，也不可能使人站起来行走。如果脊柱不起作用，四肢力量再大，也会因为无法将四肢统一协调起来，而只能在地面爬行。

（2）抑制关系。

当四肢被过度使用时，中轴会被削弱；中轴被过度使用时，四肢会被削弱。现代人长期久坐，坐时四肢的运动会减少，只能通过脊柱做过度的运动来保持平

衡。脊柱长期被过度使用，四肢被弱化是时代的通病，这和工业时代、农业时代、原始社会是完全相反的，过去的人坐得少，走得多，四肢运动多于脊柱运动。

4. 上下肢系统的阴阳

（1）共生关系。

在远古时代，人要捕猎或者逃避被捕猎，需要不停地奔跑，并且在奔跑的同时使用武器。人要活下来，上肢和下肢的协调必须很好。上肢的运动是为了让下肢的运动更好，反之亦然。人体的上肢和下肢肌肉相对平衡。

（2）抑制关系。

现代人喜欢站着、坐着、躺着玩手机。上肢的运动远远大于下肢的运动。

5. 左右肢系统的阴阳

（1）共生关系。

在远古时代，人要捕猎或者逃避被捕猎，双手可能要协调使用不同的或相同的工具，左肢运动时，右肢协调配合；右肢运动时，左肢协调配合。人体两侧的肌肉相对平衡。

（2）抑制关系。

现代人长期单手使用手机，如果右手过度使用，意味着左手退化。右边身体的肌肉会远远强于左边。

1.4　上下肢的相似和不同

1. 上下肢骨骼的相似性和不同性

上肢由手部—前臂—上臂通过肩带和脊柱上端连接，下肢由足部—小腿—大腿通过骨盆和脊柱下端连接。上下肢骨骼的数量及形状都非常相似。但手部骨骼的方向和足部骨骼的方向是相反的，说明上下肢骨的方向是反的。

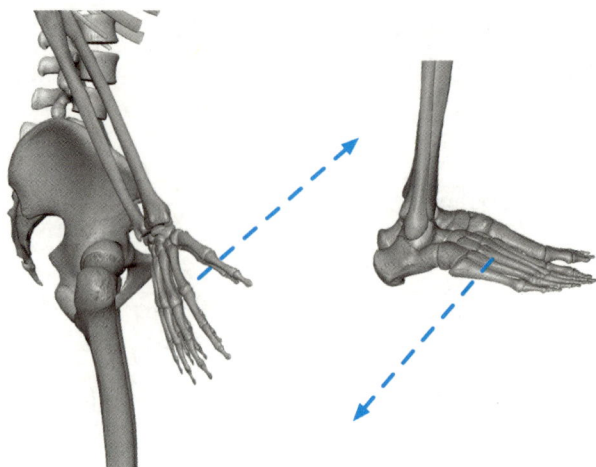

（1）上肢肩带对应下肢骨盆。

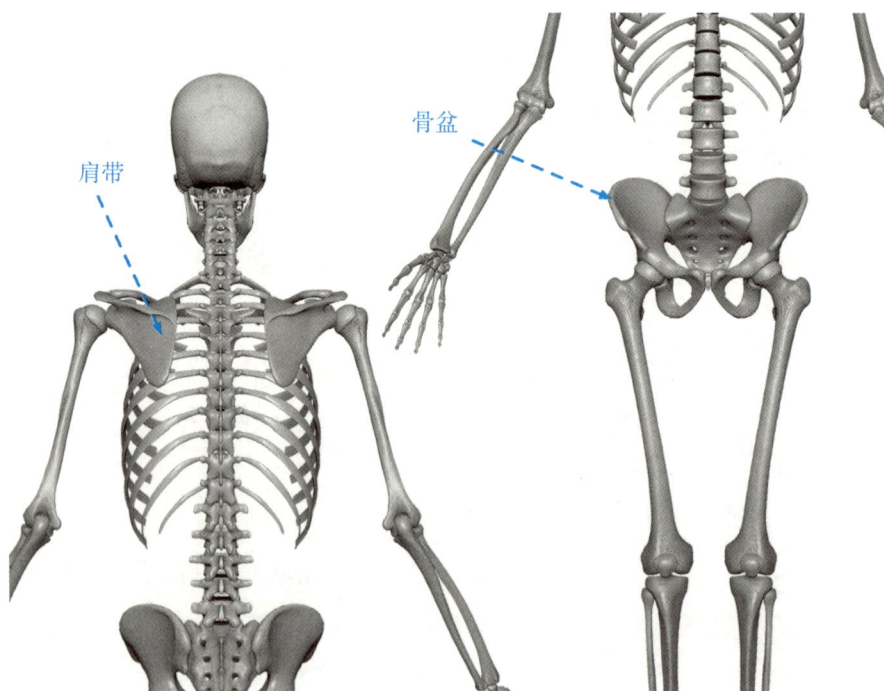

肩带

骨盆

（2）上肢上臂对应下肢大腿。

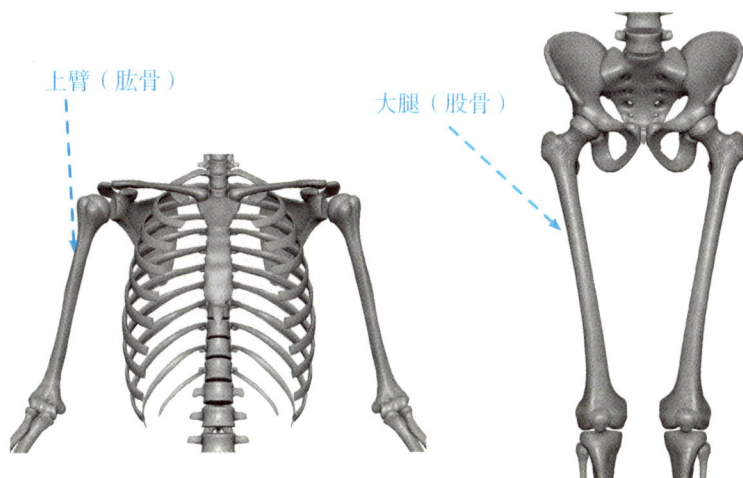

上臂（肱骨）　　　　　　　大腿（股骨）

（3）上肢前臂对应下肢小腿。

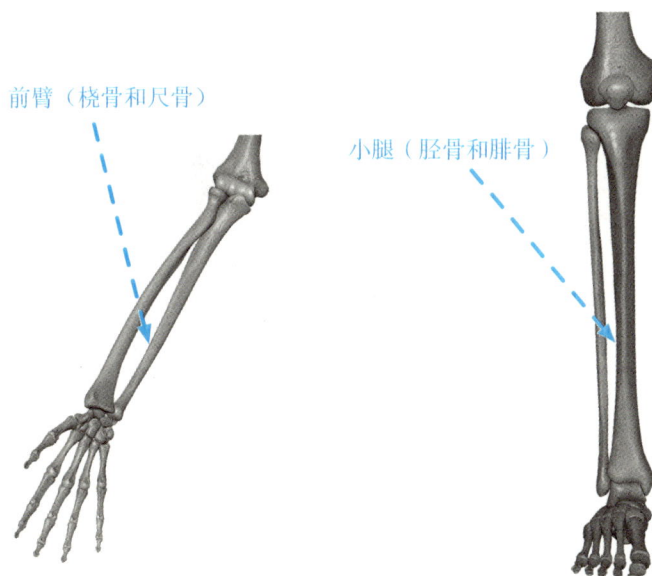

前臂（桡骨和尺骨）　　　小腿（胫骨和腓骨）

（4）上肢手部对应下肢足部。

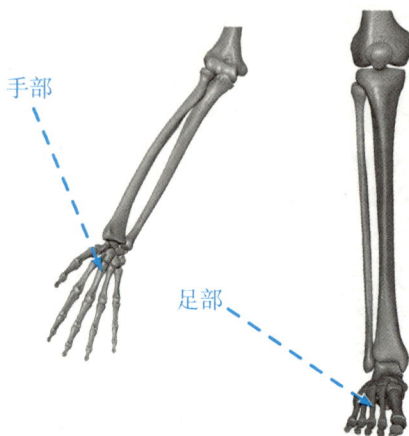

2. 上下肢滑囊关节的相似性和不同性

上下肢滑囊关节无论是在数量上还是在关节运动功能上，都保持高度相似性。因为上下肢的骨骼是反向的，所以在屈曲的模式下，肘屈曲时前臂向前，膝屈曲时小腿向后，两者的运动方向是相反的。

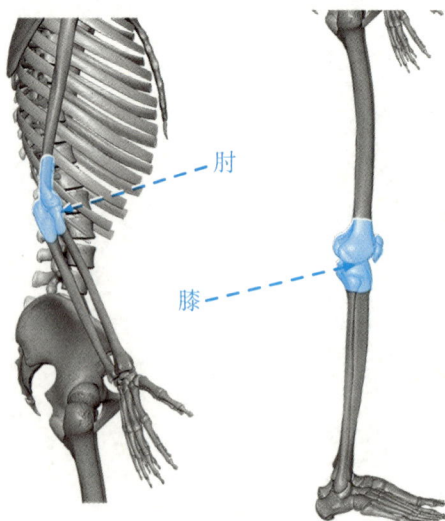

（1）上肢肩关节对应下肢髋关节。

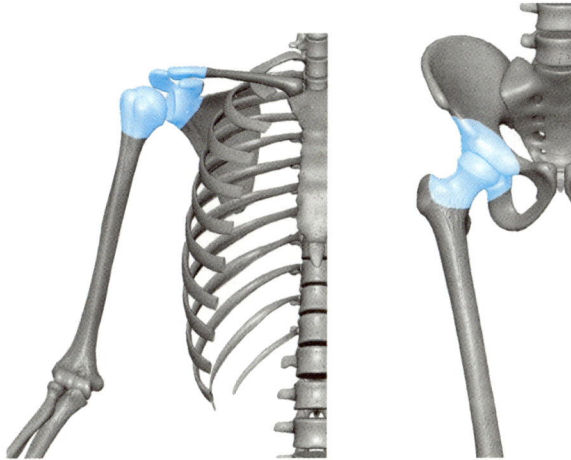

（2）上肢肘关节对应下肢膝关节。

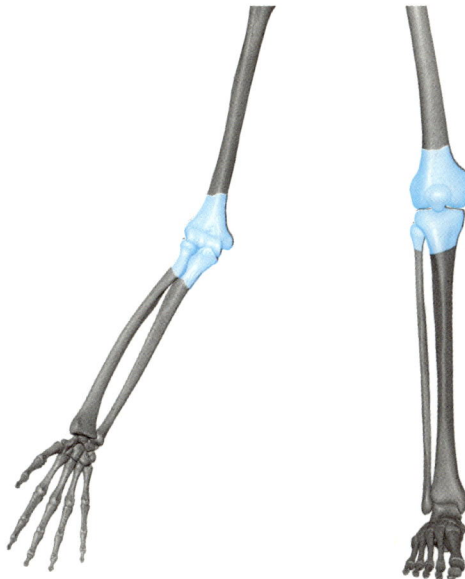

（3）上肢腕关节对应下肢踝关节。

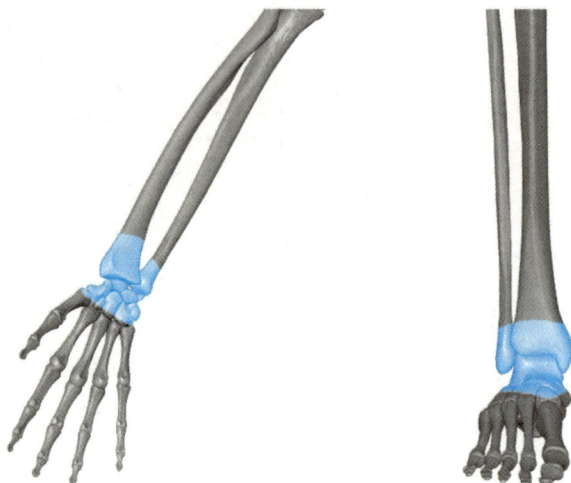

（4）上肢手部关节对应下肢足部关节。

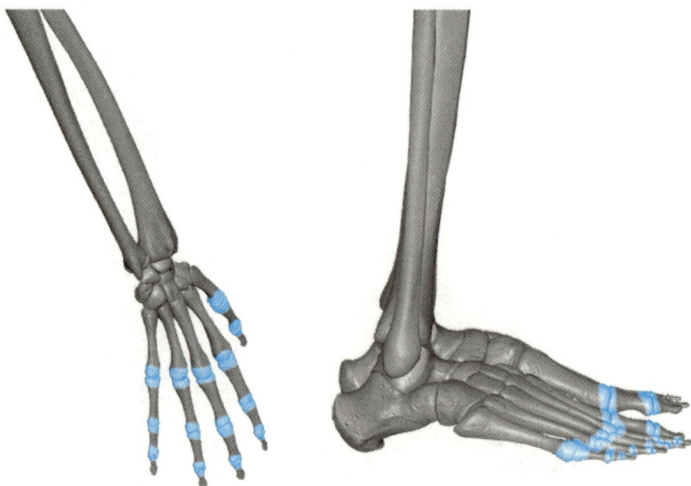

3. 上下肢骨骼肌的相似性和不同性

上下肢骨骼和关节方向都是相反的，相对应关节的肌肉运动方向也是相反的。肘屈肌和膝屈肌功能相同，运动方向相反。

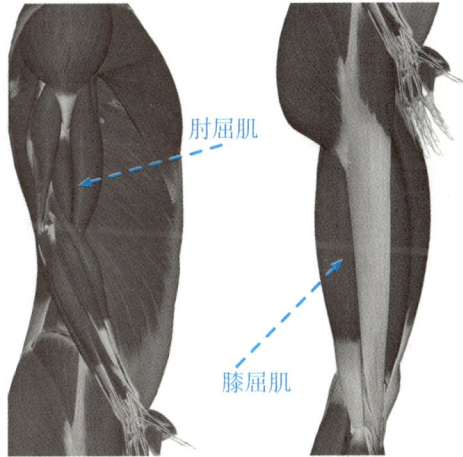

（1）上肢肩部肌肉对应下肢髋部肌肉。

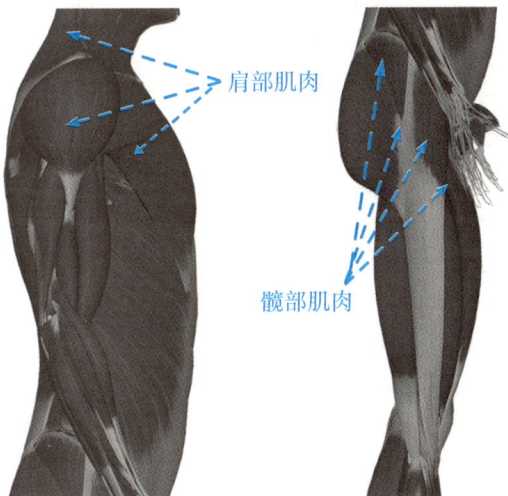

（2）上肢肘部肌肉对应下肢膝部肌肉。

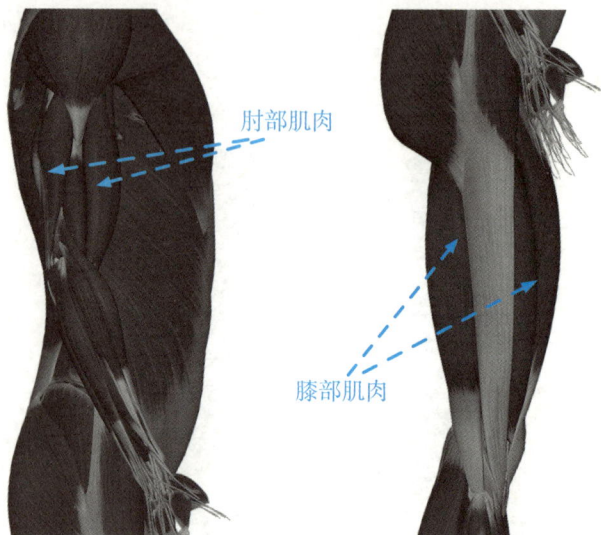

肘部肌肉

膝部肌肉

（3）上肢腕部肌肉对应下肢踝部肌肉。

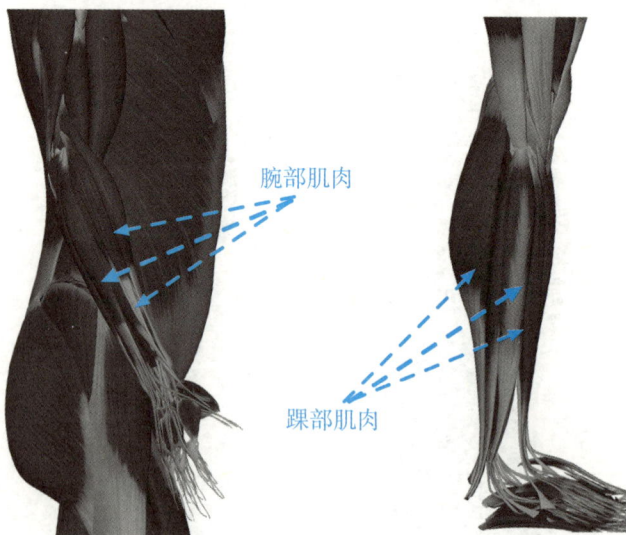

腕部肌肉

踝部肌肉

（4）上肢手部肌肉对应下肢足部肌肉。

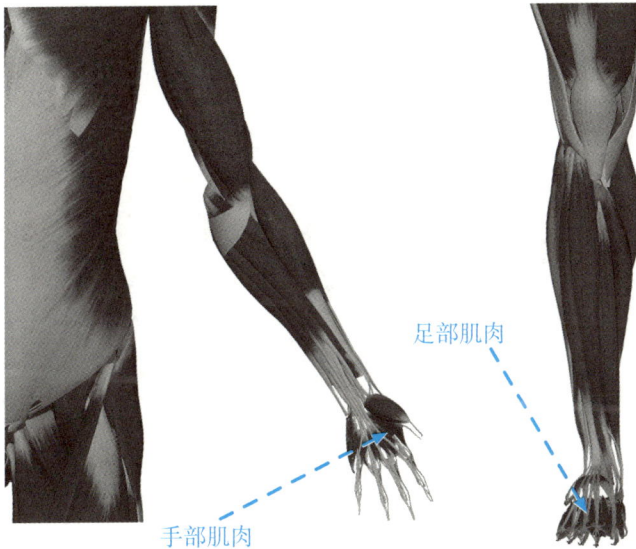

足部肌肉

手部肌肉

总而言之，上下肢在结构和功能上都是相似的，但在运动方向上是相反的。

1.5   角度运动和线性运动

1. 将复杂模型简单化

在研究人体运动模式时，关注太多的骨骼和肌肉细节，会干扰对整体的判断。用最简单的几何形概括人体，在分析运动的整体性时更加容易。

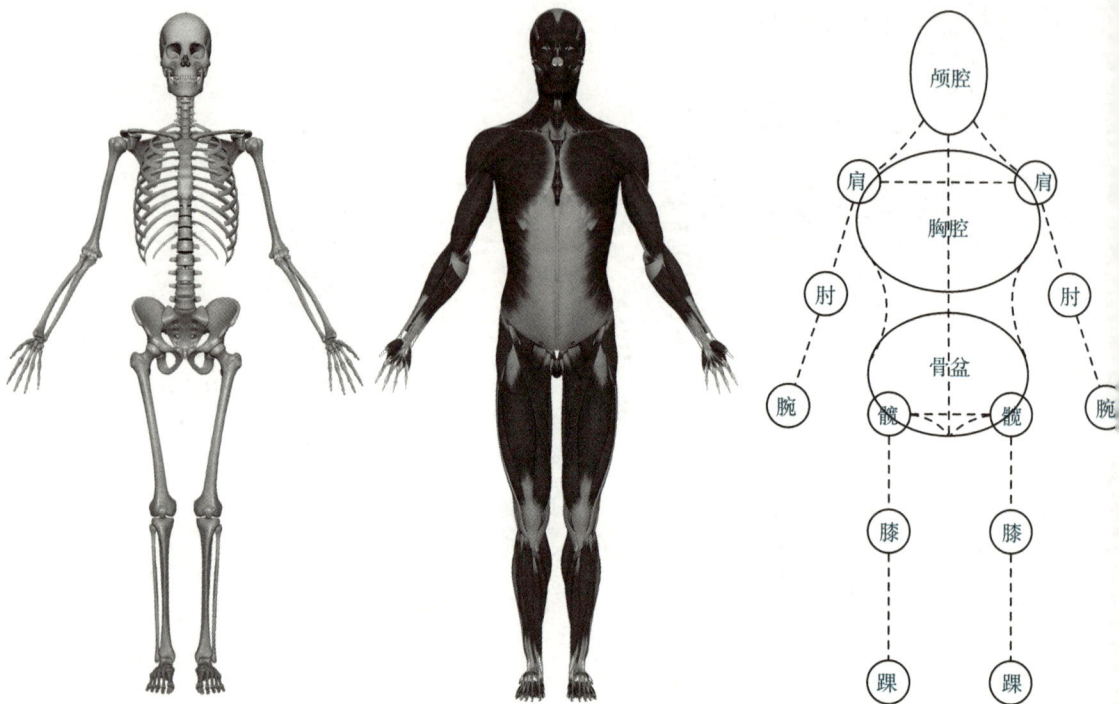

2. 线性运动是角度运动的外在表现

人体关节运动实际是骨骼围绕着关节运动轴的角度运动，表现为产生距离的线性运动。

（1）人体下肢围绕髋关节运动轴产生顺时针的环绕轴钟摆运动，我们看到的是人在步态中前后产生距离变化的线性运动。

（2）人体上肢围绕肩关节运动轴产生逆时针的环绕轴钟摆运动，我们看到的是人在举手时上下产生距离变化的线性运动。

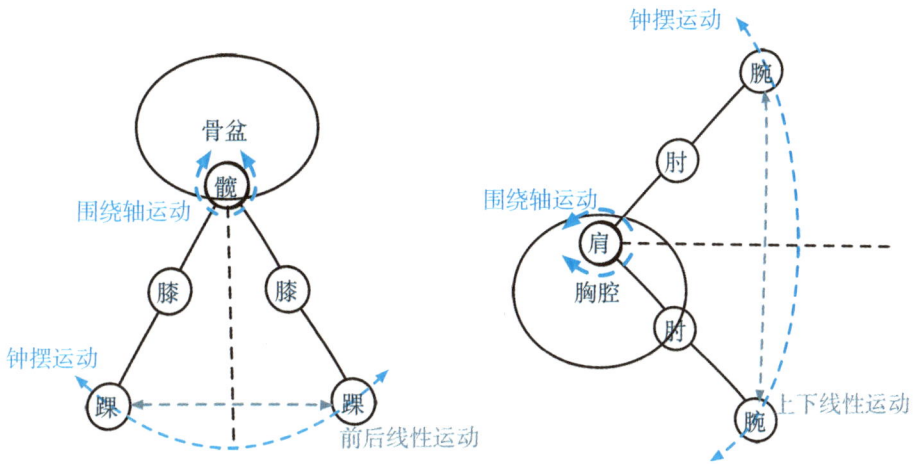

角度运动和线性运动

3. 关节动作自由度

自由度是指将关节角度运动转换成为身体线性运动的能力，关节角度运动的能力和人体线性运动的能力是成正比的。

（1）一度关节：可以围绕一个轴，在一个运动平面运动。

（2）二度关节：可以围绕两个轴，在两个运动平面运动。

（3）三度关节：可以围绕三个轴，在三个运动平面运动。

1.6　关节内外运动

1. 关节外运动

（1）闭链运动：关节远端固定，近端活动。

①日常生活中，多涉及下肢。

②稳定性动作，活动度低，速度慢，力量大。

③动作中，需要所有肢体一起动。

（2）开链运动：关节近端固定，远端活动。

①日常生活中，多涉及上肢。

②技巧性动作，活动度高，速度快，力量小。

③动作中，单一肢体可以选择动或不动。

（3）髋关节屈曲的开链和闭链。

下面两图都是髋屈曲的动作。左图是脚固定在地面，所以是远端固定近端运动的闭链运动。右图是脚抬起来运动，近端股骨相对固定，所以是近端固定远端运动的开链运动。

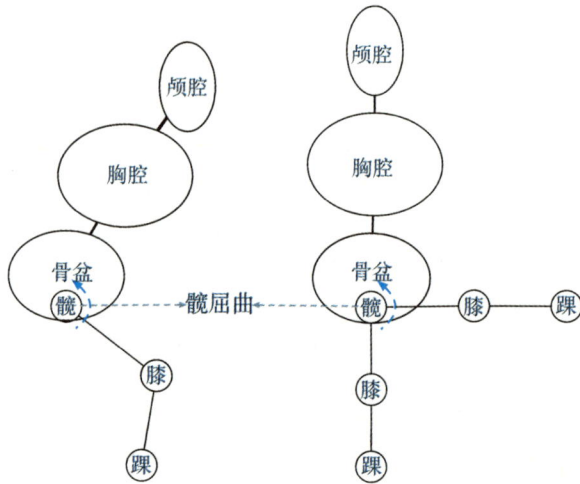

髋关节屈曲的开链和闭链

（4）肘关节屈曲的开链和闭链。

下面两图都是肘屈曲的动作。左图肘部近端相对固定，所以是近端固定远端运动的开链运动。右图的手被固定在地面，所以是远端固定近端运动的闭链运动。

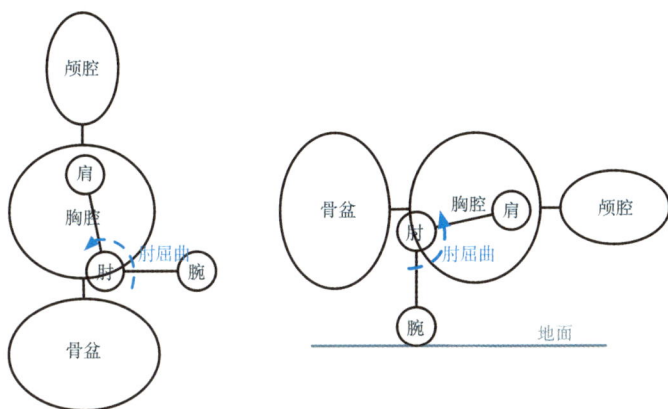

肘关节屈曲的开链和闭链

2. 关节内运动

骨骼动作中必定带有微小的关节附属动作。附属动作是发生在关节面之间的动作。

（1）滚动。

如同球在地面滚动，一个旋转或角度动作发生时，球面的每一个连续的参考点都与另一个平面的参考点相互接触。

（2）滑动。

如同在冰上溜冰，一个平移或线性动作，发生在一个关节面和相邻的平滑关节面平行处。

（3）旋转。

陀螺旋转，一个参考点持续和另一个平面在固定位置接触。

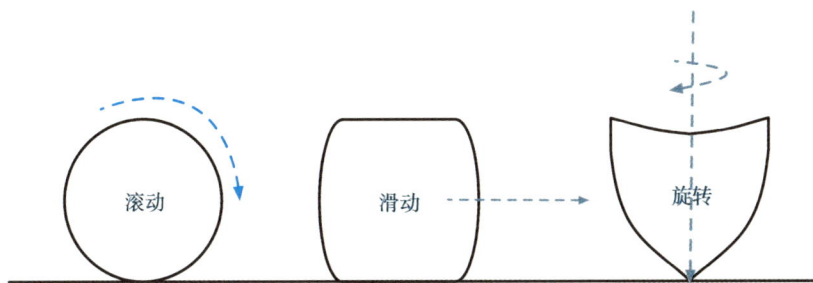

关节内运动

（4）相对运动——凹凸原则。

关节表面的相对骨干之间的动作：

①凸面在凹面上运动时，较凸的关节面会让骨干反向滑动。

②凹面在凸面上运动时，较凹的关节面会让骨干同向滑动。

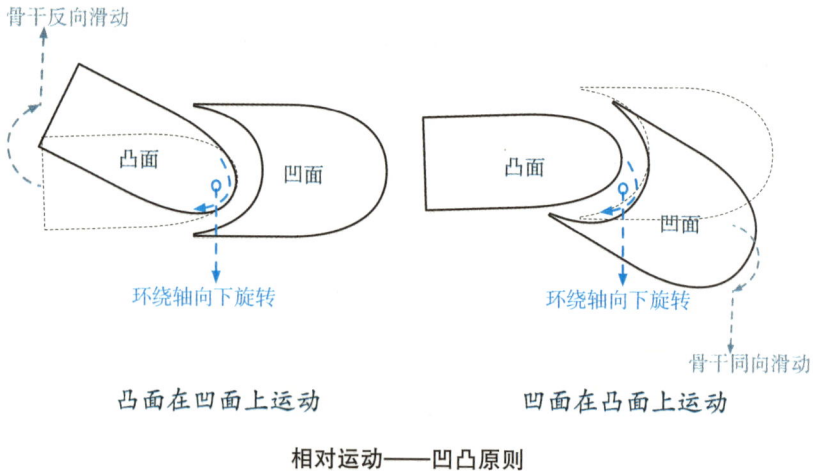

相对运动——凹凸原则

3. 关节外和关节内的关系

比如髋在做开链运动时，股骨与髋臼运动相反，是凸面在凹面上运动。肩在做闭链运动时，肩臼和肱骨运动方向相同，是凹面在凸面上运动。

4. 开链运动和闭链运动的阴阳

（1）共生关系。

直立行走中，A腿抬起脚掌离开地面时，A脚处在开链运动中；当A脚掌着地时，A脚处在闭链运动中。脚掌如果不能很好地离开地面，就无法做出一个好的脚掌着地的动作，反之亦然。

（2）抑制关系。

如果A脚掌抬起部分的肌肉能力过度强，开链运动过度，相对地，A脚掌控制着地部分的肌肉就会被削弱，闭链运动相应被削弱。

1.7 肌肉运动的两个面

1. 骨骼肌的工作分类

（1）主动肌和拮抗肌。

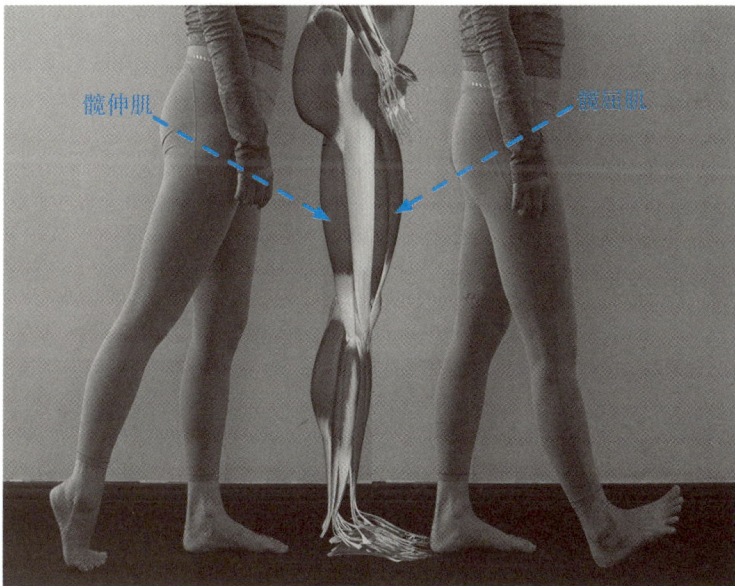

髋伸肌　　　　　　　　　　　　　　　髋屈肌

主动肌是"油门"，拮抗肌是"刹车"，这两者是阴阳拮抗关系，是一个事物的两个面。主动肌要完成动作必须受到拮抗肌的限制。

①主动肌：最直接执行一个特定动作的肌肉或肌肉群，比如髋屈肌执行大腿向前向上抬起的动作，髋伸肌执行大腿向后向上抬起的动作。

②拮抗肌：与一条特定主动肌产生相反动作的肌肉或肌肉群，比如髋屈肌执行动作时，髋伸肌会限制髋屈肌的动作，避免髋屈肌让髋关节做出超出正常范围的动作，反之亦然。

（2）协同肌。

执行一个特定动作的合作肌肉或肌肉群，比如髋屈肌执行动作时，髋部其他肌肉要协同髋屈肌工作。

（3）固定肌。

执行一个特定动作时稳定关节的肌肉或肌肉群，比如髋屈肌执行动作时，髋部单关节肌肉要稳定住髋关节。

2. 骨骼肌的收缩类型

（1）向心收缩和离心收缩：向心收缩产生动作，离心收缩限制动作。

肌肉缩短产生拉力时，肌肉收缩会产生顺着活化肌肉拉动方向的关节旋转。在一个动作中，目标肌肉收缩产生的能力，是向心控制能力。比如肘屈肌执行肘屈曲动作，以及产生对动作的控制能力。

肌肉拉长产生了拉力，是关节最容易受伤的时候。一个动作中，目标肌肉的拮抗肌肉的限制动作能力，是离心控制能力，比如肘伸肌拮抗肘屈曲动作，以及对动作的控制能力。

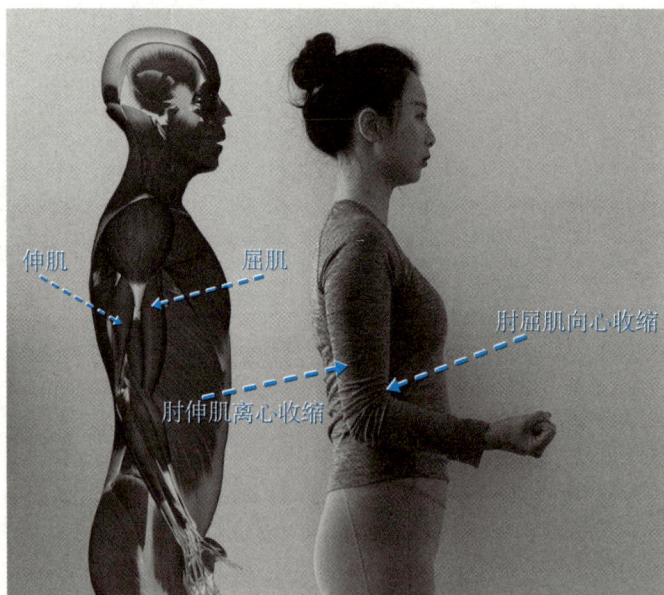

（2）等长收缩。

肌肉长度不变保持一个固定的姿势产生拉力，即产生最大的肌肉力量。一个

姿势中，目标肌肉和拮抗肌肉的相对平衡能力，是等长控制能力。

3. 骨骼肌工作和收缩之间的关系

当某一块骨骼肌作为主动肌时执行向心收缩，主动肌的拮抗肌执行离心收缩。

4. 主动肌向心收缩和拮抗肌离心收缩的阴阳

（1）共生关系。

直立行走时，脚掌离开地面抬腿向前时，髋屈肌执行主动向心收缩，同时髋伸肌执行拮抗离心收缩。如果髋屈肌不能很好地执行主动向心收缩，相对应的髋伸肌也无法很好地执行拮抗离心收缩。

（2）抑制关系。

肘屈肌过强，肘关节的屈曲动作会过度，相对应的肘关节的伸展动作会受到限制，作为拮抗肌的肘伸肌会被过度削弱。

1.8　肌肉的应变能力

1. 肌肉的应变特性

肌肉拥有抵抗力的能力和依赖力变形的能力。

（1）肌肉弹性。

肌肉在向心收缩中缩短后和在离心收缩中拉长后恢复正常长度的能力。肌肉能发挥功能作用的最佳状态是处在有弹性的状态中。

（2）伸展性。

肌肉在离心收缩中拉长变形的能力。

（3）黏滞性。

拮抗肌肉在离心收缩中变形拉长的能力。

（4）刚性变形。

肌肉长期处在伸展的状态下，会变得僵硬，限制组织进一步伸展。

2. 伸展和黏滞的阴阳关系

（1）共生关系。

直立行走中，处在髋屈曲状态中的腿部后侧肌肉伸展，提高肌肉在离心收缩中拉长的能力。处在髋伸展状态中的腿部后侧肌肉收缩，阻碍肌肉在离心收缩中拉长的能力。在步态这样的交替运动中，腿后侧肌肉的伸展性和黏滞性达到平衡。

（2）抑制关系。

腿后侧肌肉过长时，意味着伸展性太好，相应地，黏滞性就会减弱。

3. 肌肉弹性被破坏后结构的改变

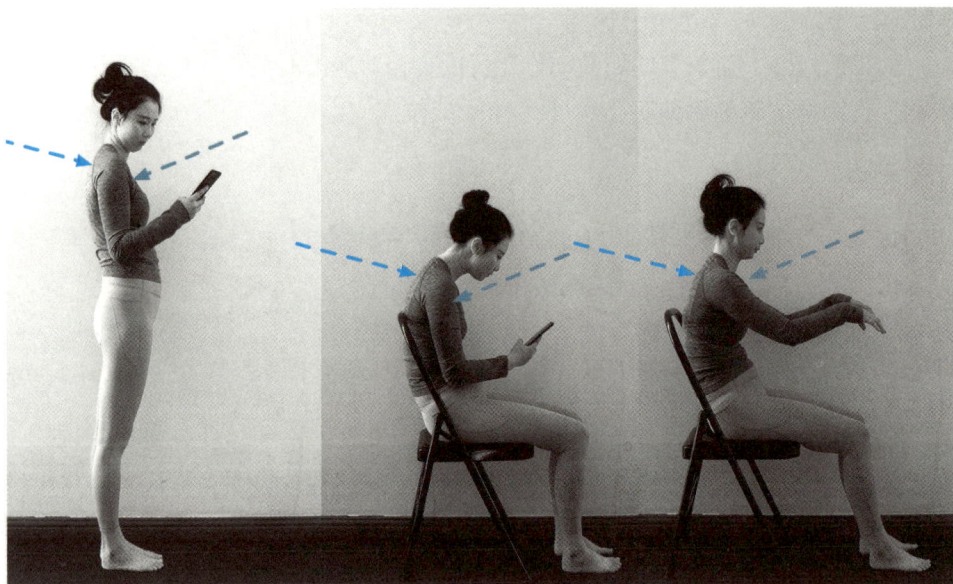

肌肉弹性被破坏后结构的改变

伸展性和黏滞性的关系被破坏后，肌肉长期处在应力变形中，导致骨骼变形。

（1）胸腔前侧。

前侧肌肉长期缩短，黏滞性太强，需要提高伸展性才能恢复肌肉的弹性，从

而使胸腔结构恢复正常。

（2）胸腔背侧。

后侧肌肉长期伸长，伸展性太强，需要提高黏滞性才能恢复肌肉的弹性，从而使胸腔结构恢复正常。

1.9　稳定度和活动度

1. 单关节肌肉和多关节肌肉

（1）单关节肌肉稳定性强。

单关节肌肉是只作用于一个关节的肌肉，耻骨肌只作用于髋关节内收运动。单关节肌肉在运动中可以很好地做小动作，但不擅长做大动作。单关节肌肉不容易对关节产生被动运动，可以很好地稳定关节。

（2）多关节肌肉运动性强。

多关节肌肉是跨越两个或者两个以上关节的肌肉，股薄肌同时作用于髋关节内收运动和膝关节内旋运动。多关节肌肉在运动中可以很好地做大动作，但不擅长做小动作。多关节肌肉能够对关节产生更多被动运动，容易使关节不稳定。

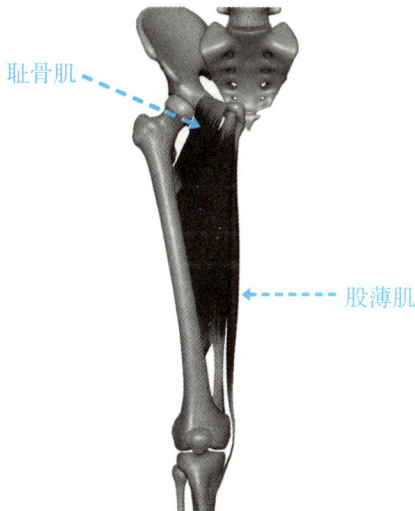

（3）共生关系。

直立行走时，髋关节周围的单关节肌肉通过细微调整稳定住关节，远端通过多关节肌肉做出腿部大动作。如果单关节肌肉无法稳定，多关节肌肉也就相应无法很好地完成自身工作。

（4）抑制关系。

单关节肌肉被削弱时，多关节肌肉会被强化，导致关节过度灵活，超过正常范围。

2. 肌肉的大小

（1）小肌肉。

下左图回旋肌是脊柱旋转肌肉，偏向通过细小调整提供脊柱稳定度。

（2）大肌肉。

下右图腹外斜肌和腹内斜肌是脊柱旋转肌肉，偏向通过大动作提供脊柱活动度。

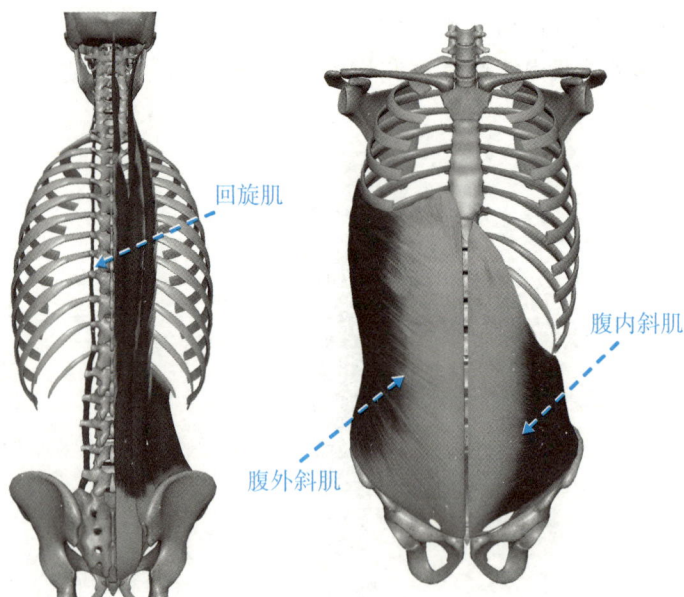

（3）共生关系。

脊柱在旋转过程中，多裂肌调节脊椎的位置，稳定住脊柱；腹内外斜肌在脊柱稳定的情况下发挥最佳的肌力，使脊柱灵活地扭转。

（4）抑制关系。

腹内外斜肌虚弱后，多裂肌被动加强代偿腹内外斜肌的功能，所以脊柱能扭转却无法灵活扭转。

3. 肌纤维结构

（1）带状肌。

下左图肩胛提肌在肩胛骨上抬运动中通过产生较小的力量稳定肩胛骨。

（2）羽毛肌。

下右图斜方肌在肩胛骨上抬运动中通过产生较大的力量活动肩胛骨。

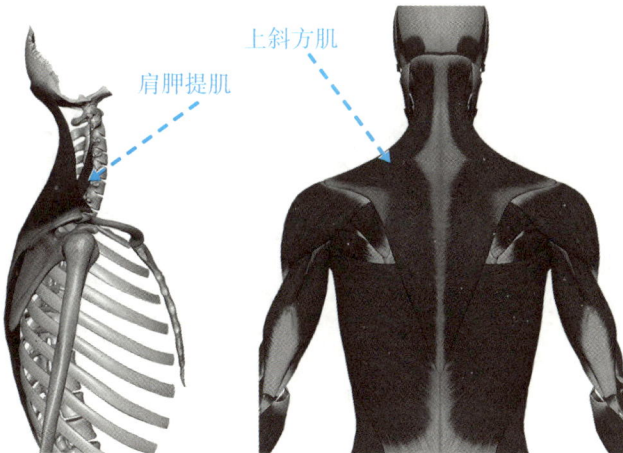

（3）共生关系。

在肩胛骨上抬运动时，肩胛提肌通过细小的调节稳定住肩胛骨，斜方肌上束在肩胛骨稳定的情况下使肩胛骨活动度更大。

（4）抑制关系。

当斜方肌上束的活动度受到限制时，肩胛提肌代偿斜方肌上束，产生更多的运动。

2　X力态结构

2.1　X框架运动

1. 整体决定细节

哺乳动物和人类在行走中，为了保持动态平衡并且减少能量消耗而形成的框架型结构，是自身结构和力学结构的混合体。框架型结构功能决定了对其他小结构的需求，细节服务于整体。

2. 汽车的底座和轮子

（1）汽车框架都一样。

汽油注入油箱，汽车发动机产生能量，轮子产生运动，底座上坐着的人被带到各个不同的地方。动物通过呼吸、吃的食物在身体内部产生能量，四肢保持平衡并使躯干运动。这两个过程从本质上看是一样的。

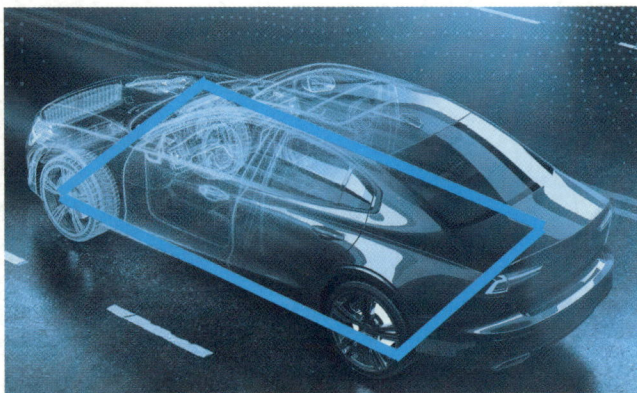

汽车框架都一样

（2）概括成几何形。

无论车的内部结构怎样复杂，我们从上往下看，其外部结构都是一个长方形底座和四个轮子，这是一个既可以保持平衡又可以保证速度的结构。轮子高速转动，使车子产生线性运动。这四个轮子和底座形成的框架型结构是支撑运动底座。

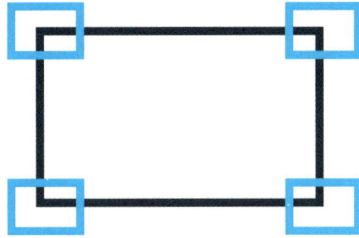

汽车框架的几何形

3. 爬行动物、哺乳动物和人的支撑运动底座

（1）底座的两个条件。

支撑运动底座必须满足两个条件，既有足够的支撑稳定性，又具有运动协调性。支撑稳定可以让身体保持平衡，运动协调产生运动，两者结合让身体去到大脑想去的某个目的地。借用太极图看阴阳，这两者之间保持相对的平衡，相生相克。

底座的两个条件

（2）底座和躯干的关系。

四肢和底座共同组成支撑运动底座。在躯干相同的情况下，支撑运动底座相对于躯干的比例越大越容易保持平衡。支撑运动底座越难保持支撑稳定性时，对运动协调性的要求就越高。

底座和躯干的关系

底座和躯干的关系几何图

从上图可知四点支撑运动底座的面积相对于躯干的比例越来越小，高度却越来越高。这导致从爬行动物到哺乳动物再到人对于平衡的要求越来越高，特别是人类只有两个点接触地面，为了保持平衡我们要付出更多。但是人类养分的25%要供给大脑，导致躯干四肢肌肉的强度远远小于其他哺乳动物。如果养分大量供给躯干四肢肌肉群，供给大脑的养分就不够，在这样的情况下要保持直立行走，必须使用和其他哺乳动物不同的方式。

底座和躯干的关系

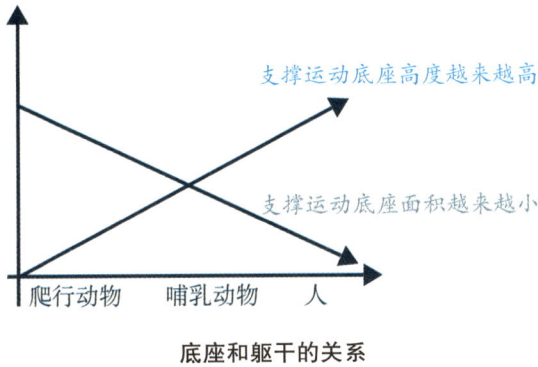

4. 爬行动物和哺乳动物的行走框架

从上往下看，爬行动物和哺乳动物的脚掌接触地面时候前后的运动，脚掌不像车轮可以滚动，所以长方形支撑运动底座必须变形才能既保证运动又保证平衡。在四点着地的情况下，长方形支撑运动底座产生了平行四边形的变化，确保可以保持平衡的行走。中间的平行线是脊柱，脊柱在这个动态结构中更像是在协调左右两边肢体的运动，让两边的力保持平衡。

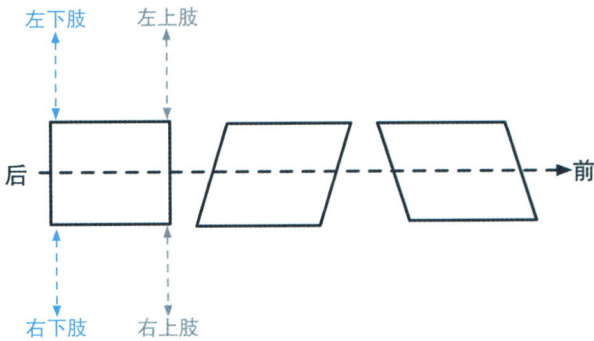

爬行动物和哺乳动物的行走框架

5. 人的行走框架

（1）从爬行到直立。

爬行动物和哺乳动物是趴在地上行走的，人类是站立起来的。我们把之前的支撑运动底座直立起来看，这显然不能适用于人类。如果还是维持和动物一样的运动方式，从正视图看我们只能做上下的运动，不能直线行走，所以人类的运动在保证稳定和运动平衡的基础上，一定会和其他动物有所区别。

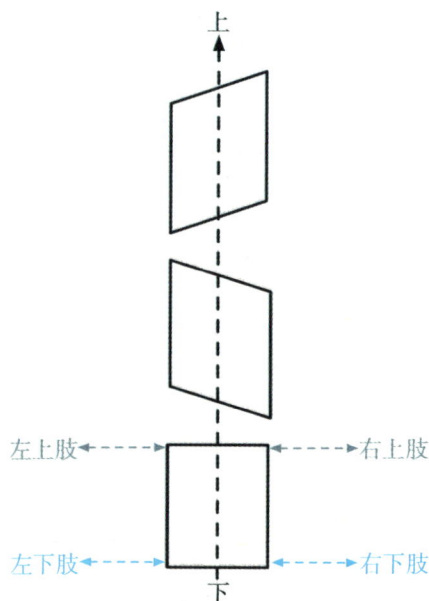

从爬行到直立

（2）基本步态。

观察人的步态，再通过步态反向推导支撑运动底座。人在走路的时候，如果右腿向前运动，右手臂就会向后运动，而右腿在前时左腿必定在后，所以左手臂会向前运动。在统一的垂直轴脊柱下，上肢通过胸腔连接脊柱上端，下肢通过骨盆连接脊柱下端，形成跨越中线的运动，连接出来的结构线是相反的。几百万年的进化使人类的运动方式进化成现在这样，这种方式的合理性是通过时间验证的。

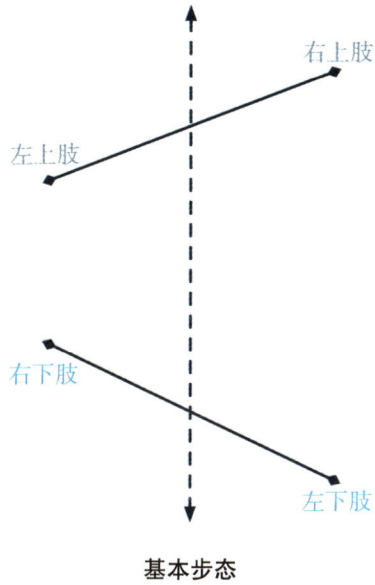

基本步态

（3）力的投射。

从右手和左手的结构线结构分别画出向下延伸的投射点，是力的延伸，制造向下的旋转。

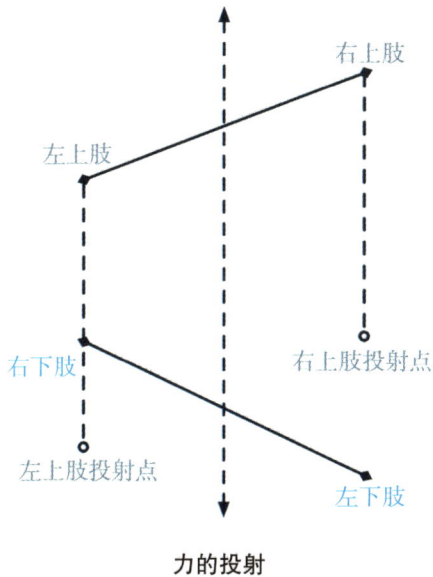

力的投射

从右脚和左脚结构线结构分别画出向上延伸的投射点，是力的延伸，制造向上的旋转。

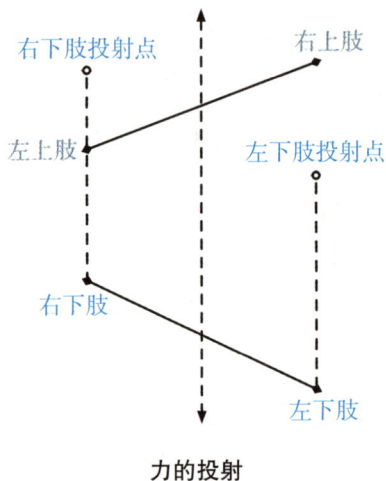

力的投射

（4）两个反向的 X 结构。

上肢结构线和下肢投射点连接线形成一个 X 力态结构，下肢结构线和上肢投射点连接线形成另外一个 X 力态结构，上下是两个运动方向相反的 X 力态结构。当上下的两股力量相对平衡时，才能保障直立行走的平衡。

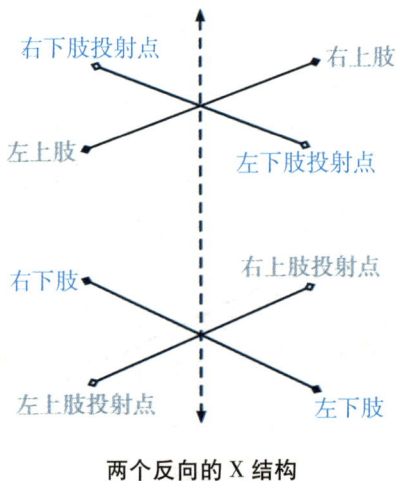

两个反向的 X 结构

（5）两个反向的底座。

再把 X 力态结构的四个点连接起来，就形成两个长方形，产生两个支撑运动底座。由此可见，人类上肢的功能并不仅仅是制造和使用工具。对于直立行走，上肢变成另外一种形式的支撑运动底座。

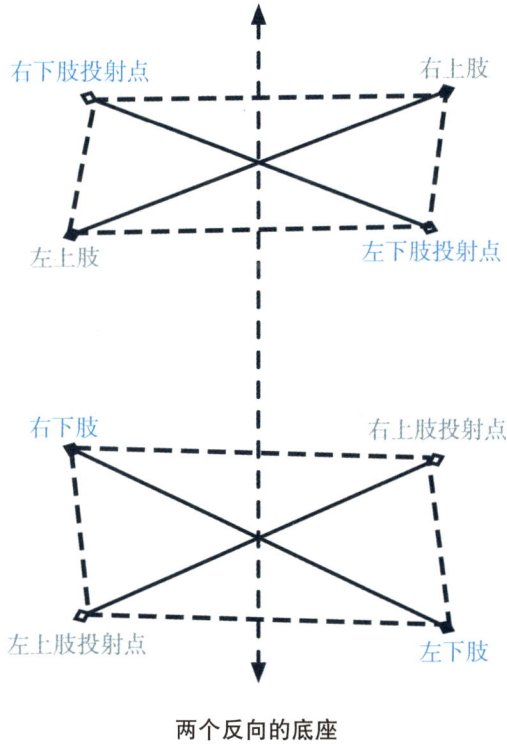

两个反向的底座

（6）两个反向的运动。

人的手和脚不是轮子，所以要移动也只能是产生平行四边形的运动，只不过是上肢和下肢形成两个运动方向完全相反的平行四边形。平行四边形的运动又回归到爬行动物和哺乳动物的支撑运动底座。

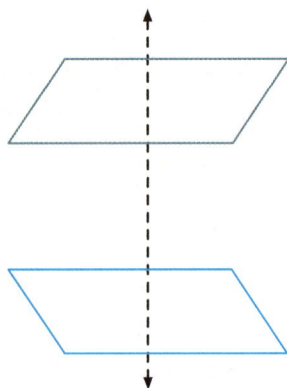

两个反向的运动

（7）骨盆和胸腔。

上肢连接胸腔，下肢连接骨盆，所以上肢和下肢从步态到运动时会引起胸腔和骨盆反向旋转。当出现特殊情况，如没有手臂时，因为胸腔的力态和骨盆正好相反，胸腔延伸线的投射点也可以和下肢连接，相对的平衡就可以得到保障，直立行走可以继续进行。当人体处在站立不动的情况下，这样微妙的关系保持精细的平衡。

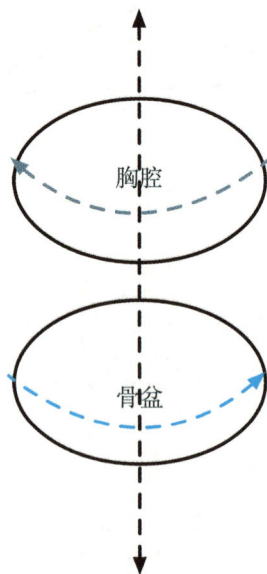

骨盆和胸腔

2.2 脚掌和地面体现整体

1. 整体性：轮胎或脚掌

汽车在行驶过程中，所有的压力或压力的变化都可以在轮胎对地面的压力中得到整体的体现。相应地，人体所有运动产生的压力也可以在脚掌对地面的压力中得到整体的体现。无论是一个关节的运动还是全身的运动，脚掌都会对地面产生相应的压力变化。研究力量的传导时需要一个参考物，特别是要整体观察和研究力量的整合时，如果只是看一个关节周围的压力或者张力变化，是无法分析身体各个部分相互之间的影响的。将地面作为唯一的参考物便于我们研究力量是怎样传导的。

2. X和脚掌

上肢向下的投射点与下肢脚掌形成X，那么上下X的反向运动传导的力一定是平衡的，如果不平衡，人根本不可能直立行走。在脚掌与地面的接触中，两个脚掌对地面的压力应该也是相互平衡的，在后面的章节中将讲解在X中两个脚掌对地面压力的平衡。

3. 脚掌对地面的压力

下图颜色深的表示压力大，颜色浅的表示压力小。无论做任何动作，都可以仔细感受足部接触地面时，脚掌向下给地面的压力感觉，这样就可以通过唯一的参考物地面而不是身体某一个局部得到整体的身体信息。脚前掌内外侧和脚后跟内外侧是观察的点，所有关节运动都通过这四个点观察。

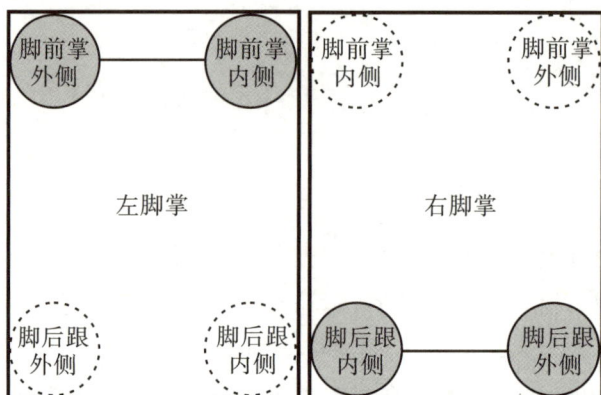

2.3 人体滑轮组

1. 身体的智慧

大脑在人类进化的过程中是占主导地位的。我们每天摄入的能量的25%是供给大脑用的，其他部分使用75%，所以人类的肌肉强度是远不如其他哺乳动物的。直立行走如果对能量消耗特别大，肯定是会被淘汰的。在远古时代，吃一顿饱饭都是一件困难的事情，在这样的情况下，大脑的需求又那么高，能够分配给直立行走的能量不可能过高，所以直立行走必须是一种不用太耗费能量的事。如果每走一步都要大脑去思考，那么对信息处理的要求恐怕是要大量的能量的，所以走路是不需要大脑去思考的一件事。身体在处理直立行走这件事上靠的是身体的智慧。

2. 统一步伐的军团

远古时代的地面可不像现在的水泥路那么平整，坑坑洼洼的路面要求我们的身体需要随时改变力的方向和大小以保持平衡。直立行走既要保持平衡，又不能付出太多的能量，在这种情况下，不会是某个肌肉或关节的孤立运动，然后把所有孤立运动重新组合在一起，这样需要很多能量，不够经济。身体像是一个军团，有各种不同的兵种，这些兵种只有高效合作才能完成工作，而且在遇到一个

突然变化时，要能够立刻改变行军方向，能随着环境的变化而变化。

3. 牵一发而动全身

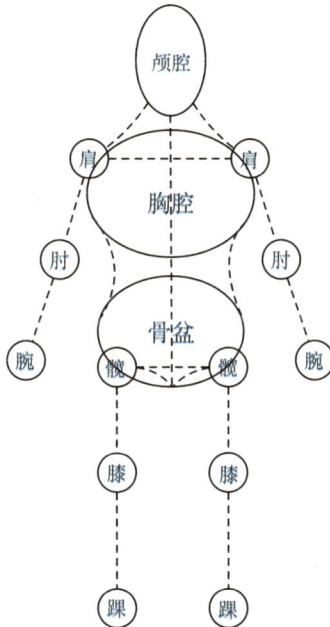

牵一发而动全身

物理世界中的滑轮组既省力又可改变力的方向，一个部位产生运动，其他部位都会跟随联动。把我们的髋关节、肩关节、骨盆、胸腔、颅腔等当成滑轮，肌肉则相当于链条。肌肉一旦开始工作，驱动某一个关节，其他在轨道中的关节马上开始联动。滑轮的方向改变，力的方向马上改变。在行走的过程中身体内有很多纽带将各个部分衔接在一起，既可以省力又可改变力的方向。

（1）四肢滑轮。

四肢部分要保持支撑运动的刚性，髋—膝—踝滑轮组和肩—肘—腕滑轮组的特性是滑轮转动的方向相同。比如髋—膝—踝滑轮组都产生顺时针或逆时针的旋转。

（2）中轴滑轮。

中轴部分要保持协调上下左右的柔性，骨盆—胸腔—颅腔滑轮组的特性是滑轮转动的方向相反。比如骨盆顺时针—胸腔逆时针—颅腔顺时针旋转。

2.4　压力和张力

1. 张压力关系

人体的任何运动都会产生压力和张力，张压力会在身体中保持一个相对的平衡，即波动中的平衡。人体滑轮组只有保持张压力平衡，脚掌对地面的压力才有可能平衡，直立行走需要这样的平衡以节省身体能量的消耗，让更多的能量供给大脑。如果人体滑轮组中的张压力失衡，脚掌对地面的压力会失衡，比如当张力远远大于压力时，身体系统失衡，需要减少张力，增加压力，恢复到波动中的平衡，反之亦然。

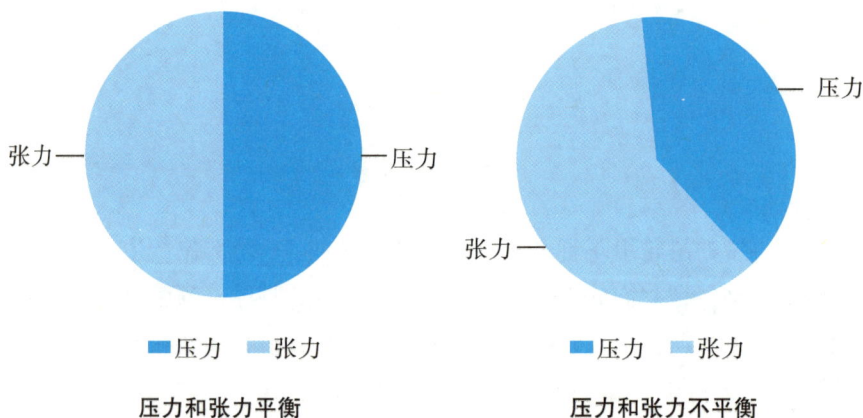

张力——　　——压力

■压力　■张力

压力和张力平衡

——压力

张力——

■压力　■张力

压力和张力不平衡

2. 压力关系

运动会在身体各个部分产生压力，这些压力区域，都是相互关联的，并且会保持相对的平衡，即波动中的平衡。在张压力相对平衡的状态下，当某一个区域压力过大时，通过给压力低的区域增压，压力高的区域的压力自然会降低。

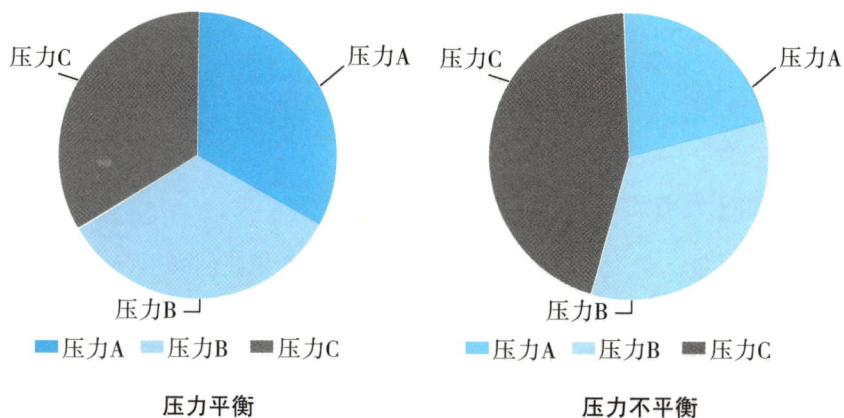

压力平衡　　　　　　　压力不平衡

3. 张力关系

运动会在身体各个部分产生张力，这些张力区域，都是相互关联的，并且会保持相对的平衡，即波动中的平衡。在张压力相对平衡的状态下，当某一个区域张力过大时，通过给张力低的区域增加张力，张力高的区域的张力自然会降低。

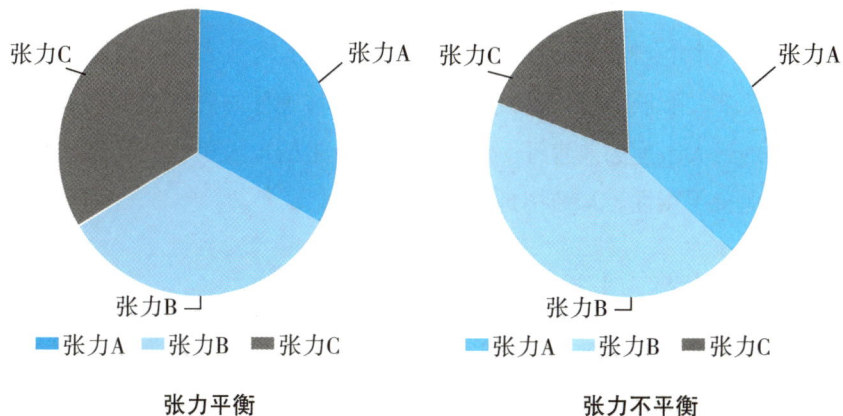

张力平衡　　　　　　　张力不平衡

2.5 系统、应用、硬件的匹配

1. 结构决定功能

结构决定功能，最大的结构决定细小的结构。如果我们必须产生某种运动模式才能保持平衡，那么相对应的肌肉和关节的功能就是为了满足这个需求。运动所需要的能量，通过呼吸和进食转化产生。

2. 各种需求的匹配

Windows 需要的相关硬件以及接口，只能在 Windows 操作系统上使用。OSX 需要的相关硬件以及接口，只能在 OSX 操作系统上使用。它们之间存在兼容性的问题，系统开发商决定了需求，其他开发商根据需求开发应用的软件和硬件。

3. X 系统的扩展

X 就像是一个电脑系统，每一个关节、每一块肌肉或者每个内脏就像是应用程序，人工关节、假肢、未来的外骨骼就像是外接硬件。满足 X 的功能需求，就可以保障系统最大限度的兼容性。创造能直立行走的拟人机器人，要既减少能量的消耗又能保持平衡性，X 结构是一个很好的选择。

4. 动作是身体各个系统的综合表现

不要把动作只看成是某块肌肉和骨骼完成的行为，这个行为包含了人体的各个系统。当这些系统高度匹配时能产生一个完美动作。当动作受到限制时，有可能是某一个系统出现了问题，这个出现问题的系统未必就只是骨骼肌肉关节系统。超越极限完成一个动作时，因为负荷太大，损伤的系统可能不只是骨骼肌肉关节系统。

（1）大脑像是指挥系统，当我们要完成一个动作时，大脑发出行为指令。

（2）神经系统像是通信系统，负责传导行为指令，协调其他各个系统。

（3）肌肉像是发动机，接收到行为指令时，通过向心收缩产生动力。

（4）筋膜像是液压系统，动力在其中扩散和汇聚。

（5）骨骼像是传送管道，动力沿着骨骼的走向传递到关节。

（6）关节像是滑轮，改变力的方向和大小，产生关节运动。

（7）呼吸和内脏系统像是内燃机，提供能量完成动作。

3 脚掌对地面的压力与传导

3.1 踝关节运动和力的传导

1. 足跖屈和足背屈的阴阳关系

下面左图是跖屈角度运动，即足部围绕踝关节旋转轴在矢状面顺时针旋转产生足跖屈；右图是背屈角度运动，即足部围绕踝关节旋转轴在矢状面逆时针旋转产生足背屈。

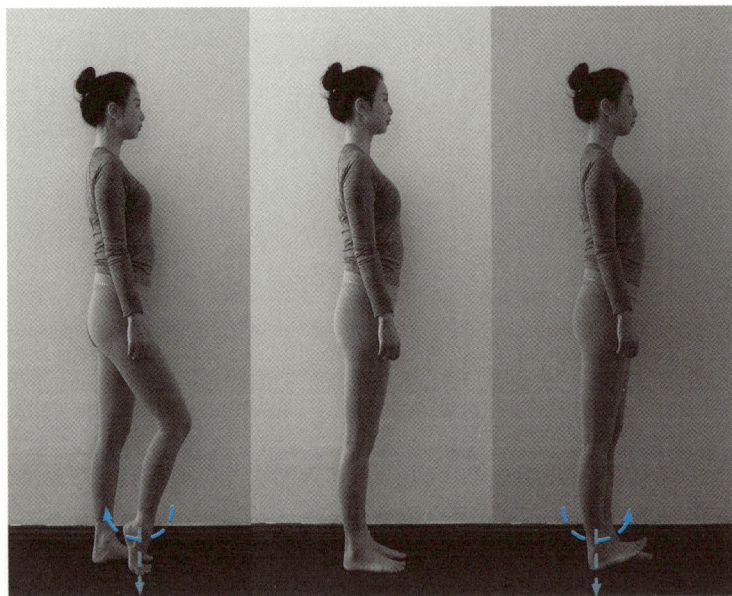

足跖屈和足背屈的阴阳关系

（1）跖屈力的传导：①脚掌前侧有压地的感觉；②脚掌后侧有抬起的感觉。

（2）背屈力的传导：①脚掌前侧有抬起的感觉；②脚掌后侧有压地的感觉。

（3）对地面的压力。

实线表示向下压地，虚线表示抬离地面。下面左图是跖屈，右图是背屈。		
足跖屈	前实后虚	前 1 后 –1
足背屈	前虚后实	前 –1 后 1

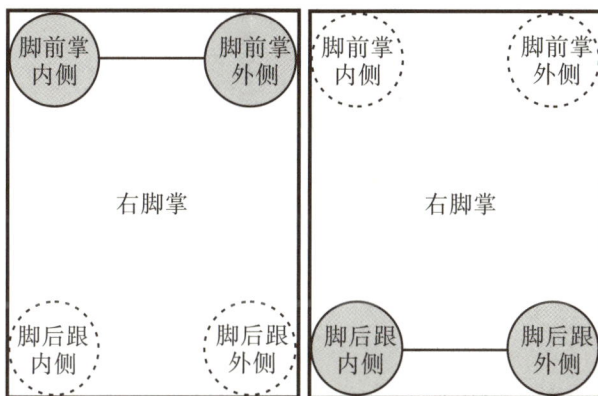

（4）跖屈主动肌。

跖屈主动肌包括腓骨长肌、腓骨短肌、比目鱼肌、腓肠肌、胫骨后肌。

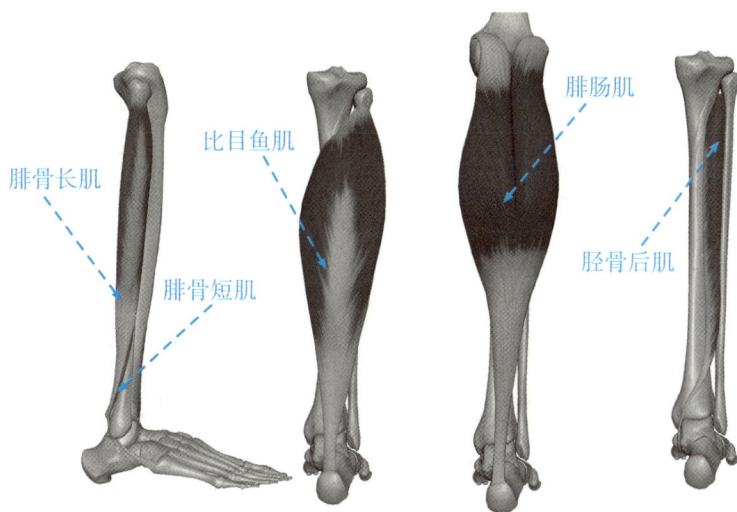

（5）背屈主动肌。

背屈主动肌包括胫骨前肌、趾长伸肌、拇趾长伸肌。

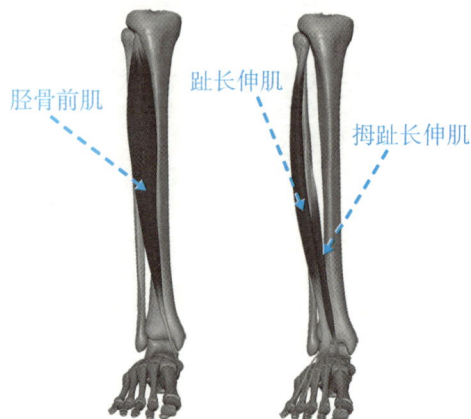

胫骨前肌 趾长伸肌 拇趾长伸肌

2. 足外翻和足内翻的阴阳关系

下面左图是外翻角度运动，即足部围绕踝关节旋转轴在冠状面顺时针旋转产生足外翻；右图是内翻角度运动，即足部围绕踝关节旋转轴在冠状面逆时针旋转产生足内翻。

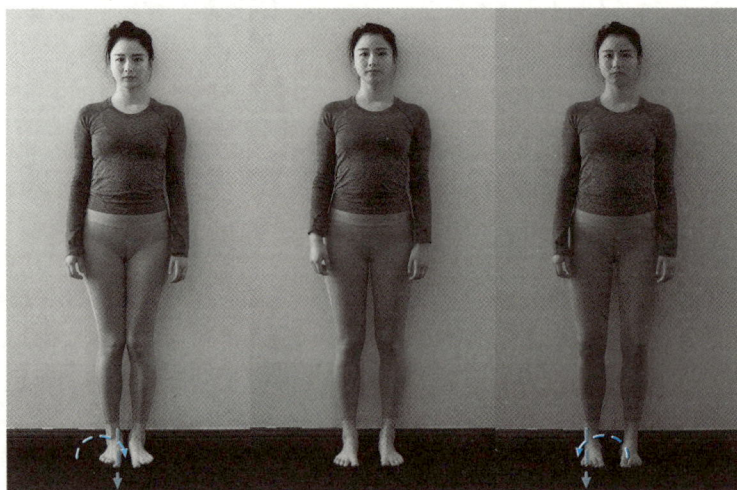

足外翻和足内翻的阴阳关系

（1）外翻力的传导：①脚掌内侧有压地的感觉；②脚掌外侧有抬起的感觉。

（2）内翻力的传导：①脚掌内侧有抬起的感觉；②脚掌外侧有压地的感觉。

（3）对地面的压力。

实线表示向下压地，虚线表示抬离地面。下面左图是外翻，右图是内翻。		
足外翻	内实外虚	内 1 外 –1
足内翻	内虚外实	内 –1 外 1

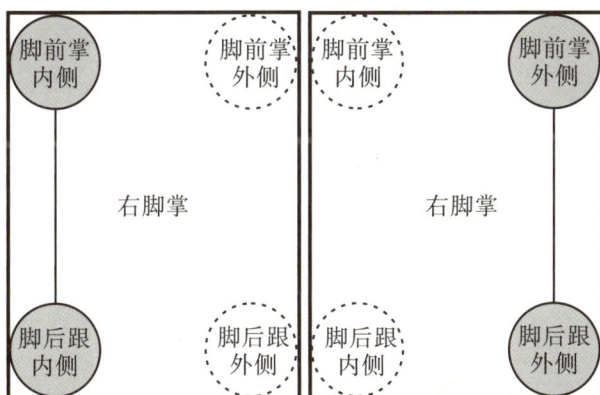

（4）外翻主动肌。

外翻主动肌包括腓骨长肌、腓骨短肌、趾长伸肌。

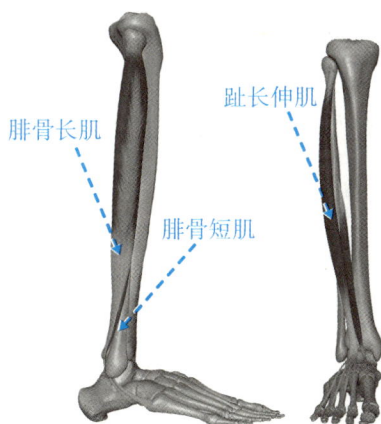

（5）内翻主动肌。

内翻主动肌包括胫骨前肌、胫骨后肌。

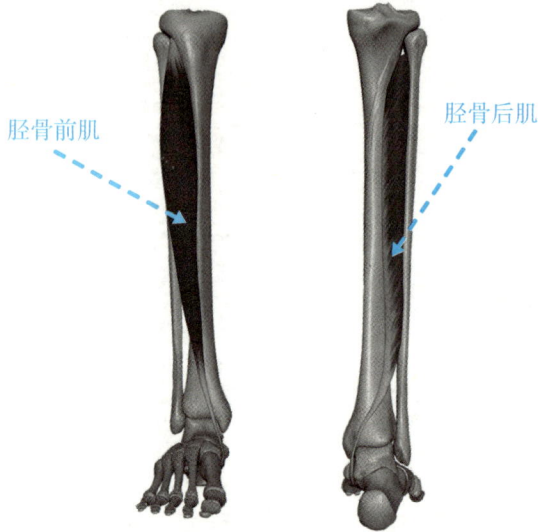

胫骨前肌　　　　　　　　　　胫骨后肌

3.2　膝关节运动和力的传导

1. 膝屈曲和膝伸展的阴阳关系

下面左图是屈曲角度运动，即小腿围绕膝关节旋转轴在矢状面顺时针旋转产生膝屈曲；中间图是伸展角度运动，即小腿围绕膝关节旋转轴在矢状面逆时针旋转产生膝伸展；右图是膝超伸展，即膝关节过度伸展时产生膝超伸展。

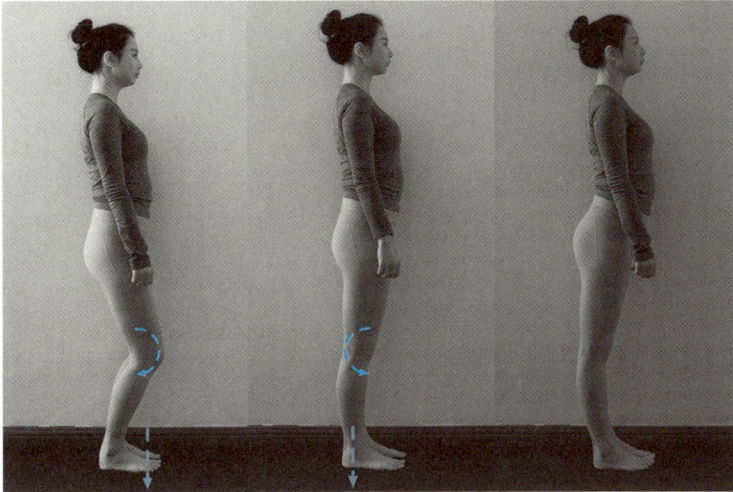

膝屈曲和膝伸展的阴阳关系

（1）屈曲力的传导：①脚掌前侧有压地的感觉；②脚掌后侧有抬起的感觉。

（2）伸展力的传导：①脚掌前侧有抬起的感觉；②脚掌后侧有压地的感觉。

（3）对地面的压力。

实线表示向下压地，虚线表示抬离地面。下面左图是屈曲，右图是伸展。		
膝屈曲	前实后虚	前1后-1
膝伸展	前虚后实	前-1后1

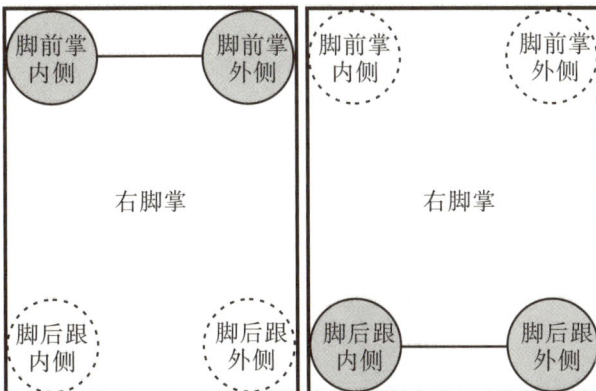

（4）屈曲主动肌。

屈曲主动肌包括半膜肌、半腱肌、股二头肌、缝匠肌、股薄肌、腓肠肌、跖肌、腘肌。

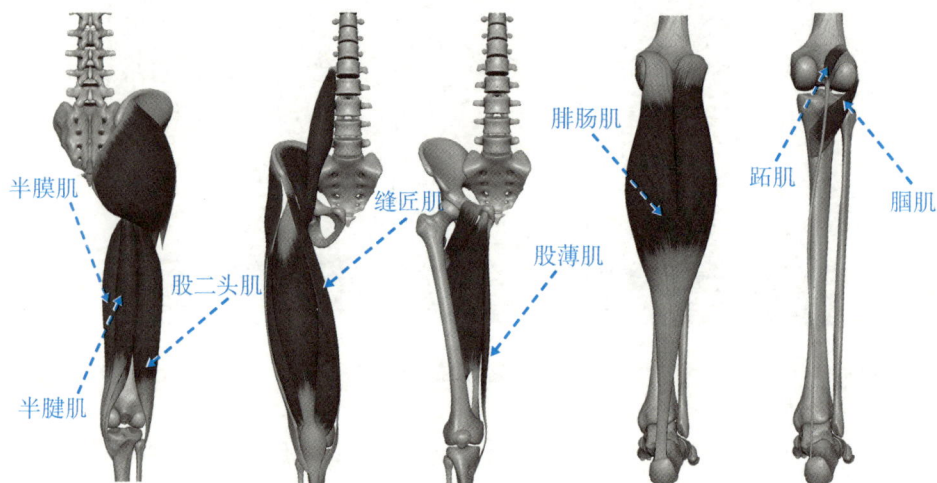

（5）伸展主动肌。

伸展主动肌包括股外侧肌、股直肌、股中间肌、股内侧肌。

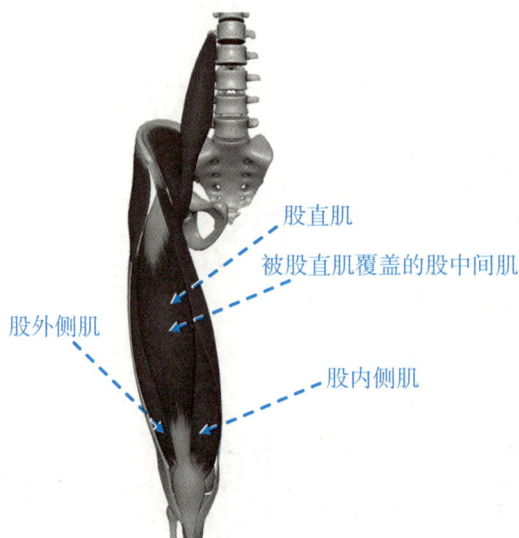

2. 膝内旋和膝外旋的阴阳关系

下面左图是内旋角度运动，即小腿围绕膝关节旋转轴在水平面向内逆时针旋转产生膝内旋；右图是外旋角度运动，即小腿围绕膝关节旋转轴在水平面向外顺时针旋转产生膝外旋。

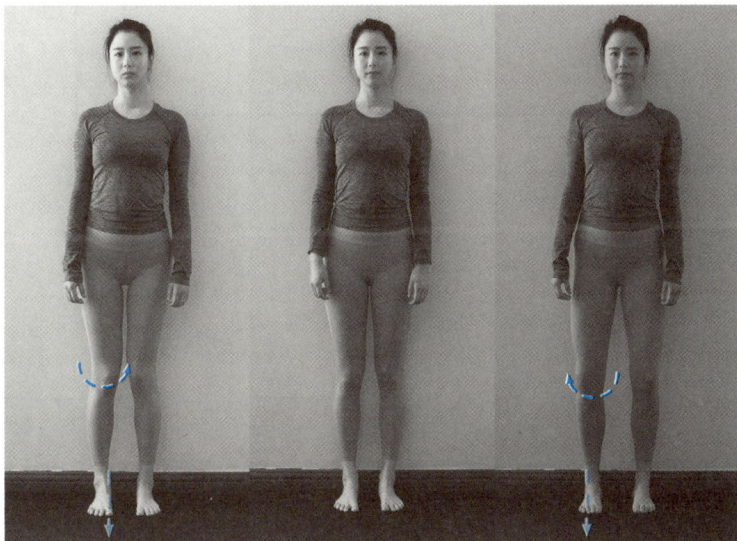

膝内旋和膝外旋的阴阳关系

（1）内旋力的传导：①脚掌内侧有压地的感觉；②脚掌外侧有抬起的感觉。

（2）外旋力的传导：①脚掌内侧有抬起的感觉；②脚掌外侧有压地的感觉。

（3）对地面的压力。

实线表示向下压地，虚线表示抬离地面。下面左图是内旋，右图是外旋。		
膝内旋	内实外虚	内 1 外 –1
膝外旋	内虚外实	内 –1 外 1

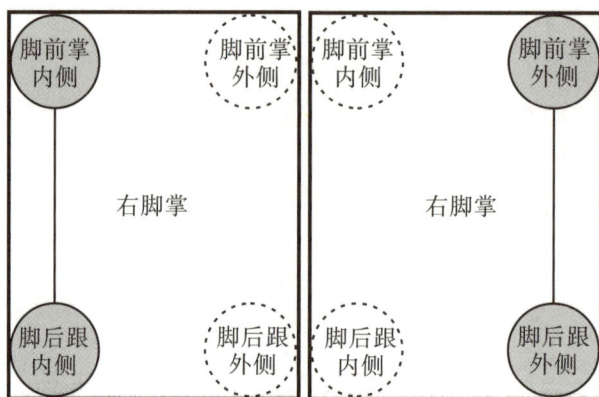

（4）内旋主动肌。

内旋主动肌包括半膜肌、半腱肌、缝匠肌、股薄肌、腘肌。

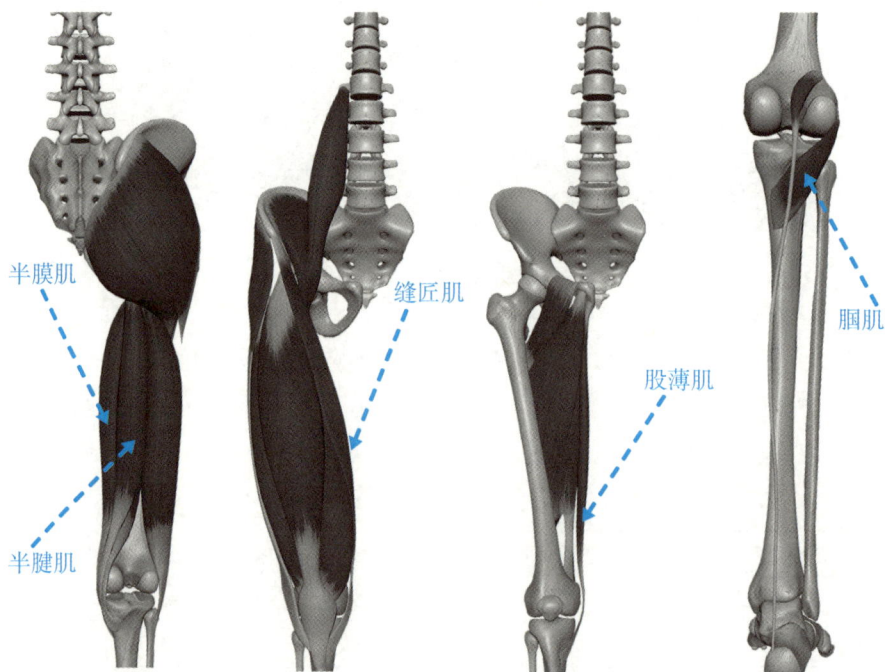

（5）外旋主动肌。

外旋主动肌包括股二头肌长头、股二头肌短头。

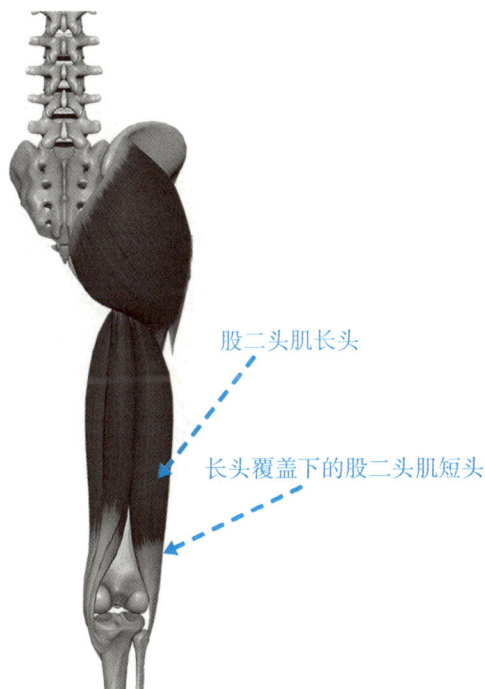

股二头肌长头

长头覆盖下的股二头肌短头

3.3 髋关节运动和力的传导

1. 髋伸展和髋屈曲的阴阳关系

下面左图是伸展角度运动，即大腿围绕髋关节旋转轴在矢状面顺时针旋转产生髋伸展；右图是屈曲角度运动，即大腿围绕髋关节旋转轴在矢状面逆时针旋转产生髋屈曲。

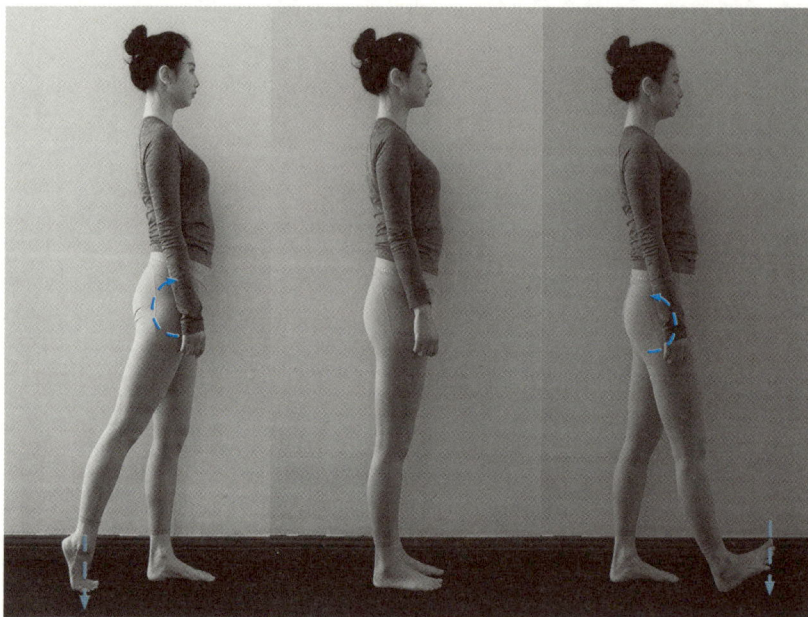

髋伸展和髋屈曲的阴阳关系

（1）伸展力的传导：①脚掌前侧有压地的感觉；②脚掌后侧有抬起的感觉。

（2）屈曲力的传导：①脚掌前侧有抬起的感觉；②脚掌后侧有压地的感觉。

（3）对地面的压力。

实线表示向下压地，虚线表示抬离地面。下面左图是伸展，右图是屈曲。		
髋伸展	前实后虚	前 1 后 –1
髋屈曲	前虚后实	前 –1 后 1

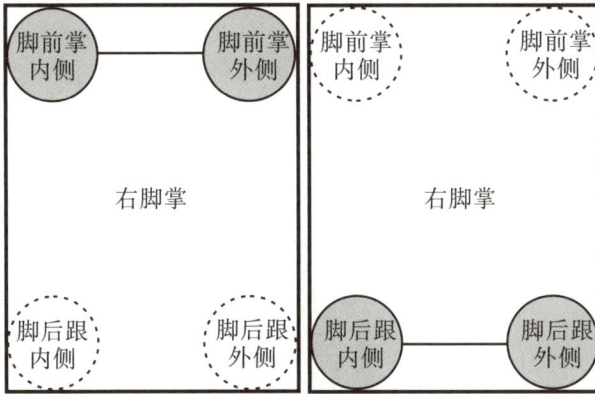

| 脚前掌内侧 | 脚前掌外侧 | 脚前掌内侧 | 脚前掌外侧 |

（4）伸展主动肌。

伸展主动肌包括臀大肌、股二头肌长头、半腱肌、半膜肌。

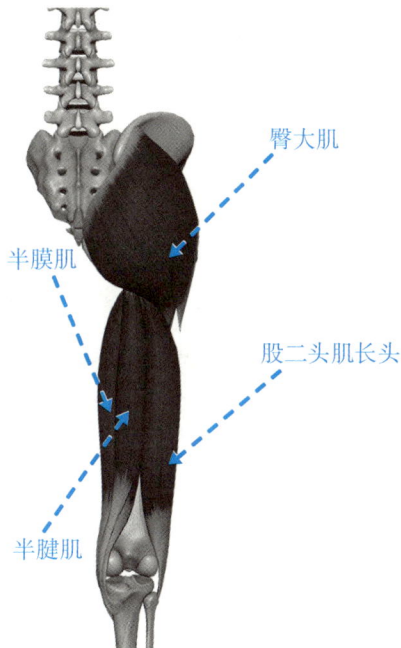

臀大肌

半膜肌

股二头肌长头

半腱肌

（5）屈曲主动肌。

屈曲主动肌包括腰大肌、髂肌、股直肌、阔筋膜张肌、缝匠肌。

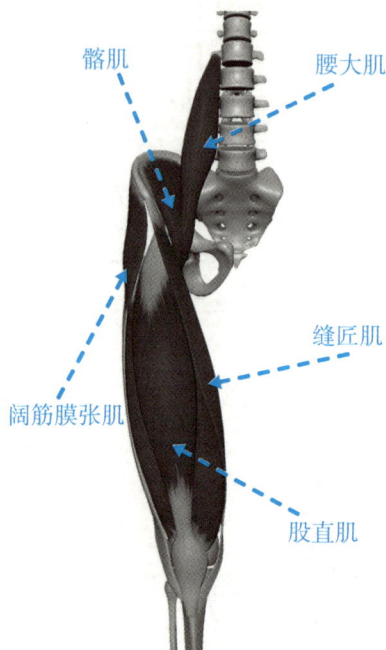

2. 髋内收和髋外展的阴阳关系

下面左图是内收角度运动，即大腿围绕髋关节旋转轴在冠状面逆时针旋转产生髋内收；右图是外展角度运动，即大腿围绕髋关节旋转轴在冠状面顺时针旋转产生髋外展。

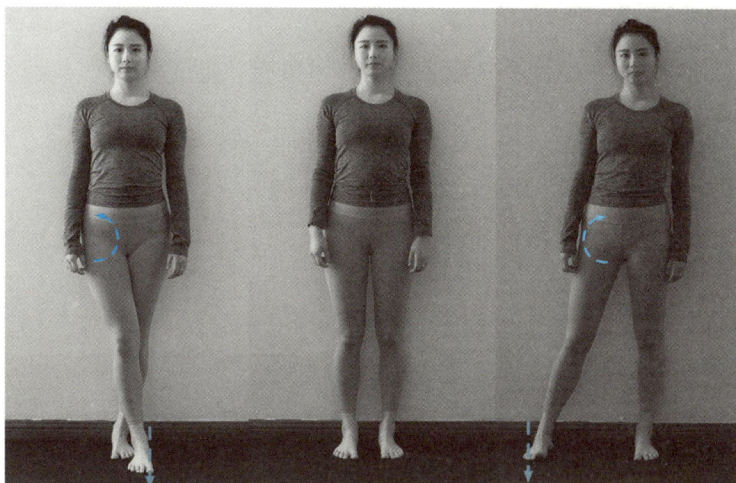

髋内收和髋外展的阴阳关系

（1）内收力的传导：①脚掌内侧有压地的感觉；②脚掌外侧有抬起的感觉。

（2）外展力的传导：①脚掌内侧有抬起的感觉；②脚掌外侧有压地的感觉。

（3）对地面的压力。

实线表示向下压地，虚线表示抬离地面。下面左图是内收，右图是外展。		
髋内收	内实外虚	内 1 外 – 1
髋外展	内虚外实	内 – 1 外 1

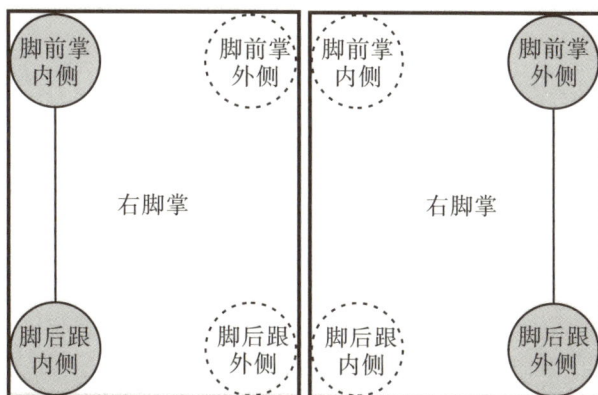

（4）内收主动肌。

内收主动肌包括耻骨肌、内收长肌、内收短肌、股薄肌、内收大肌。

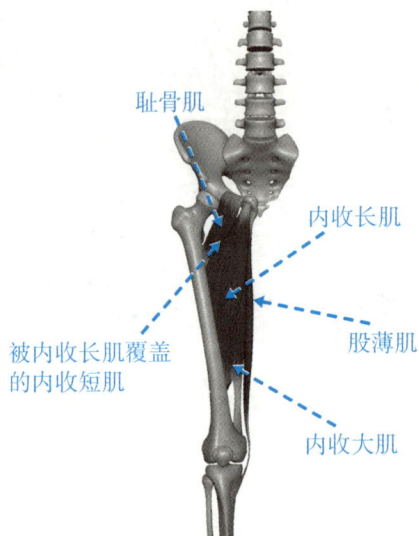

耻骨肌

内收长肌

股薄肌

被内收长肌覆盖
的内收短肌

内收大肌

（5）外展主动肌。

外展主动肌包括臀中肌、臀小肌、阔筋膜张肌、缝匠肌。

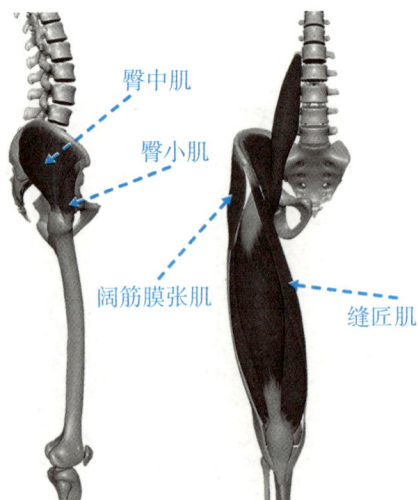

臀中肌

臀小肌

阔筋膜张肌

缝匠肌

3. 髋内旋和髋外旋的阴阳关系

下面左图是内旋角度运动，即大腿围绕髋关节旋转轴在水平面向内逆时针旋转产生髋内收；右图是外旋角度运动，即大腿围绕髋关节旋转轴在水平面向外顺时针旋转产生髋外旋。

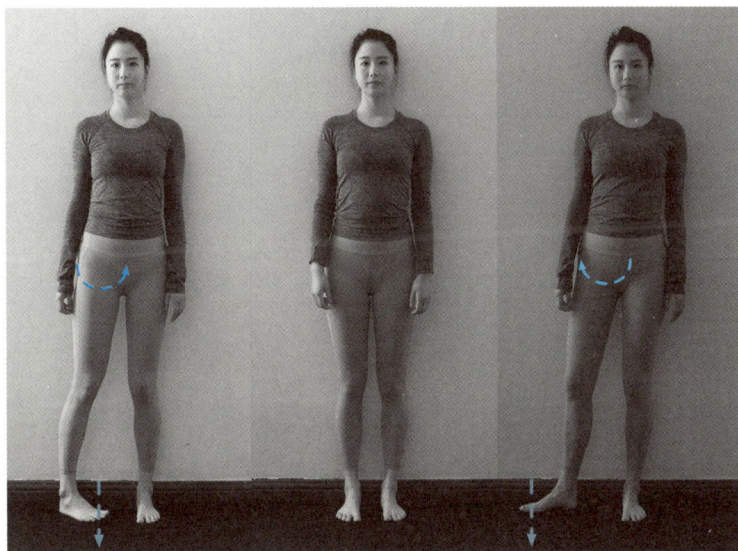

髋内旋和髋外旋的阴阳关系

（1）内旋力的传导：①脚掌内侧有压地的感觉；②脚掌外侧有抬起的感觉。

（2）外旋力的传导：①脚掌内侧有抬起的感觉；②脚掌外侧有压地的感觉。

（3）对地面的压力。

实线表示向下压地，虚线表示抬离地面。下面左图是内旋，右图是外旋。		
髋内旋	内实外虚	内 1 外 –1
髋外旋	内虚外实	内 –1 外 1

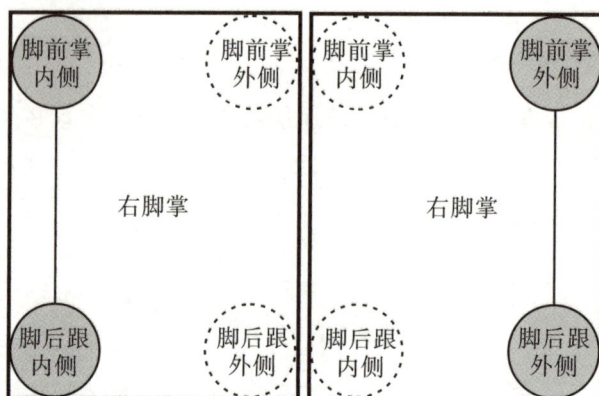

（4）内旋主动肌。

内旋主动肌包括臀中肌、臀小肌、阔筋膜张肌。

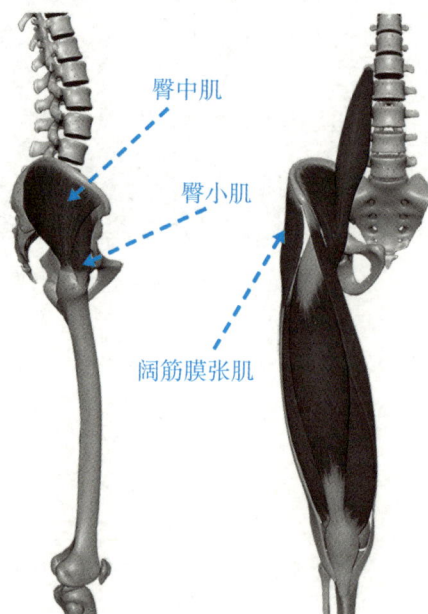

（5）外旋主动肌。

外旋主动肌包括臀大肌、深层外旋肌群。

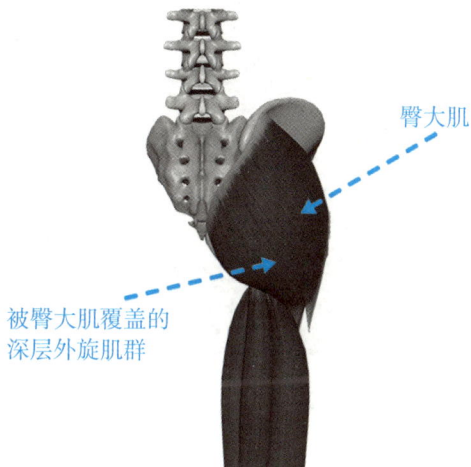

臀大肌

被臀大肌覆盖的
深层外旋肌群

3.4　骨盆运动和力的传导

1. 骨盆前倾和骨盆后倾的阴阳关系

下面左图是前倾角度运动，即骨盆在矢状面顺时针旋转叫作骨盆前倾。骨盆前倾将脊柱向下的压力传导到髋关节。髋屈肌产生骨盆前倾，髋外展肌群会辅助骨盆前倾。骨盆前倾是相对髋屈曲的闭链运动，髋屈曲是相对骨盆前倾的开链运动。右图是后倾角度运动，即骨盆在矢状面逆时针旋转叫作骨盆后倾。骨盆后倾将髋关节向上的推力传导到脊柱。髋伸肌产生骨盆后倾，髋内收肌群后束会辅助骨盆后倾。骨盆后倾是相对髋伸展的闭链运动，髋伸展是相对骨盆后倾的开链运动。

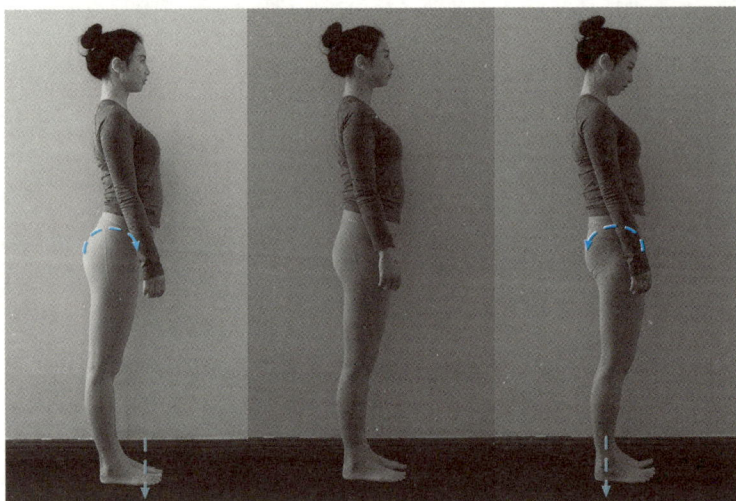

骨盆前倾和骨盆后倾的阴阳关系

（1）前倾力的传导：①脚掌前侧有压地的感觉；②脚掌后侧有抬起的感觉。

（2）后倾力的传导：①脚掌前侧有抬起的感觉；②脚掌后侧有压地的感觉。

（3）对地面的压力。

实线表示向下压地，虚线表示抬离地面。下面左图是前倾，右图是后倾。		
骨盆前倾	前实后虚	前1后 -1
骨盆后倾	前虚后实	前 -1后1

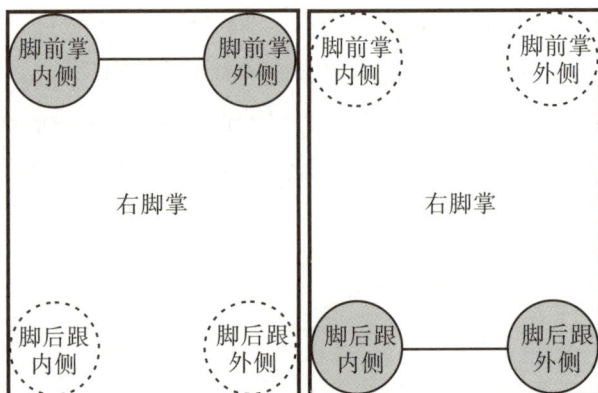

2. 骨盆侧倾低侧和高侧的阴阳关系

侧倾角度运动（下面左图为低侧，右图为高侧）：骨盆在冠状面向侧面向下旋转叫作骨盆侧倾。骨盆向低侧倾斜将脊柱压力传导到髋关节；骨盆向高侧倾斜将髋关节推力传导到脊柱。髋内收肌产生骨盆侧倾高侧，骨盆侧倾是相对髋内收的闭链运动，髋内收是相对骨盆侧倾的开链运动。髋外展肌产生骨盆侧倾低侧，骨盆侧倾是相对髋外展的闭链运动，髋外展是相对骨盆侧倾的开链运动。

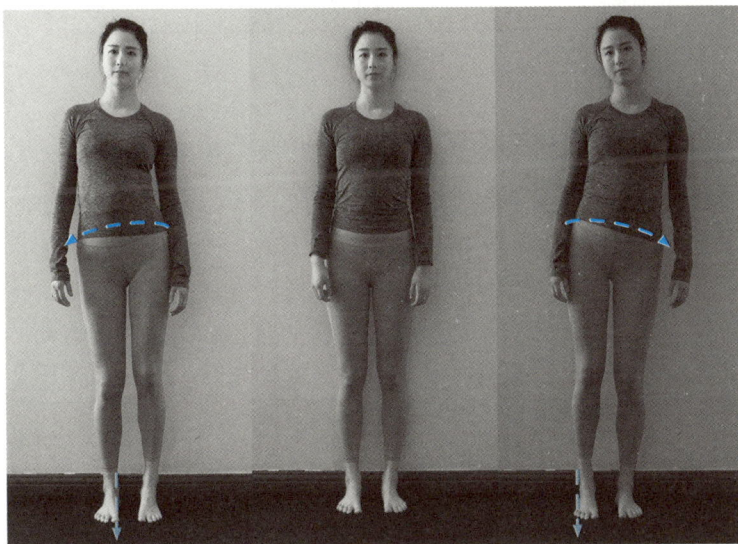

骨盆侧倾低侧和高侧的阴阳关系

（1）低侧力的传导：①脚掌内侧有压地的感觉；②脚掌外侧有抬起的感觉。

（2）高侧力的传导：①脚掌内侧有抬起的感觉；②脚掌外侧有压地的感觉。

（3）对地面的压力。

实线表示向下压地，虚线表示抬离地面。下面左图是低侧，右图是高侧。		
骨盆侧倾低侧	内实外虚	内 1 外 -1
骨盆侧倾高侧	内虚外实	内 -1 外 1

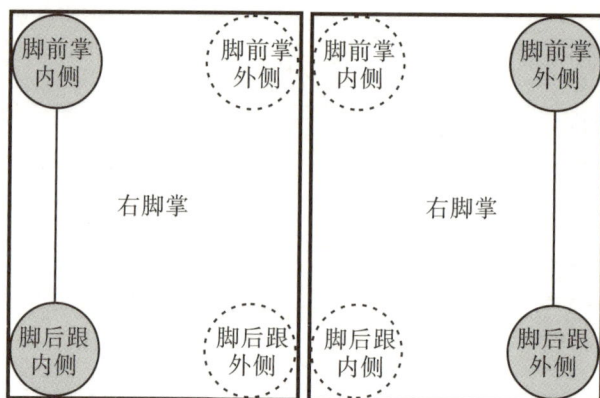

3. 骨盆向前旋转和骨盆向后旋转的阴阳关系

旋转角度运动（下面左图为前旋，右图为后旋）：骨盆在水平面向前或向后的旋转叫作骨盆旋转。骨盆向后旋转将脊柱向下的压力传导到髋关节，骨盆向前旋转将髋关节向上的推力传导到脊柱。髋内旋肌产生骨盆向后旋转，骨盆向后旋转是相对髋内旋的闭链运动，髋内旋是相对骨盆向后旋转的开链运动。髋外旋肌产生骨盆向前旋转，骨盆向前旋转是相对髋外旋的闭链运动，髋外旋是相对骨盆向前旋转的开链运动。

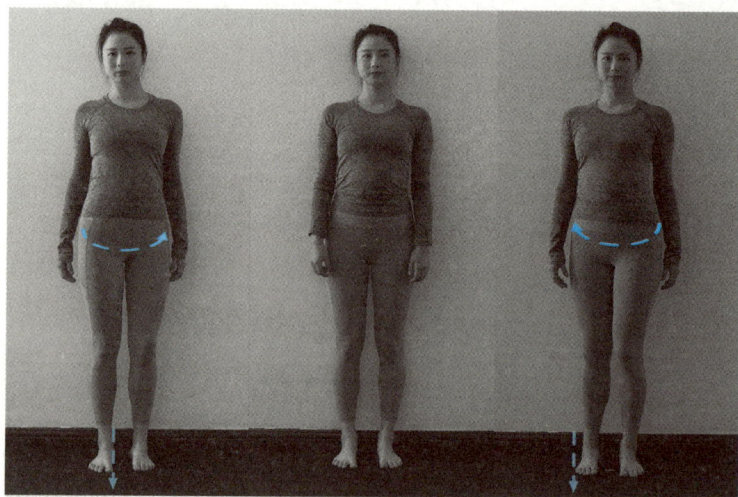

骨盆向前旋转和骨盆向后旋转的阴阳关系

（1）向前力的传导：①脚掌内侧有压地的感觉；②脚掌外侧有抬起的感觉。

（2）向后力的传导：①脚掌内侧有抬起的感觉；②脚掌外侧有压地的感觉。

（3）对地面的压力。

实线表示向下压地，虚线表示抬离地面。下面左图是向前，右图是向后。		
骨盆向前旋转	内实外虚	内 1 外 −1
骨盆向后旋转	内虚外实	内 −1 外 1

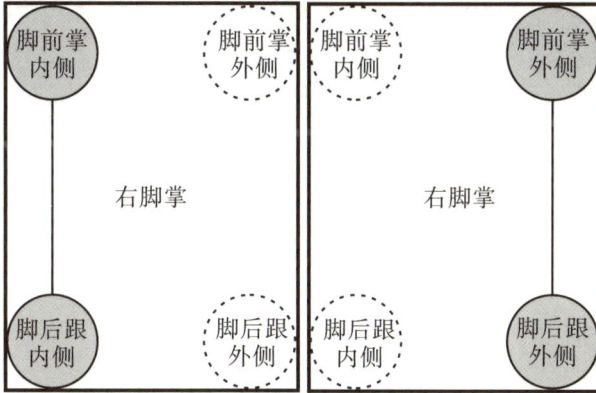

```
┌─────────────────┬─────────────────┐
│  脚前掌          脚前掌 │ 脚前掌           脚前掌 │
│  内侧            外侧 │ 内侧             外侧 │
│                 │                 │
│      右脚掌      │      右脚掌      │
│                 │                 │
│  脚后跟          脚后跟 │ 脚后跟           脚后跟 │
│  内侧            外侧 │ 内侧             外侧 │
└─────────────────┴─────────────────┘
```

3.5　脊柱运动和力的传导

1. 脊柱屈曲和脊柱伸展的阴阳关系

下面左图是屈曲角度运动，即胸腔相对骨盆在矢状面顺时针旋转产生脊柱屈曲。脊柱屈曲将脊椎的力量通过骨盆逐渐向下传导。右图是伸展角度运动，即胸腔相对骨盆在矢状面逆时针旋转产生脊柱伸展。脊柱伸展将骨盆的力量通过脊椎逐渐向上传导。

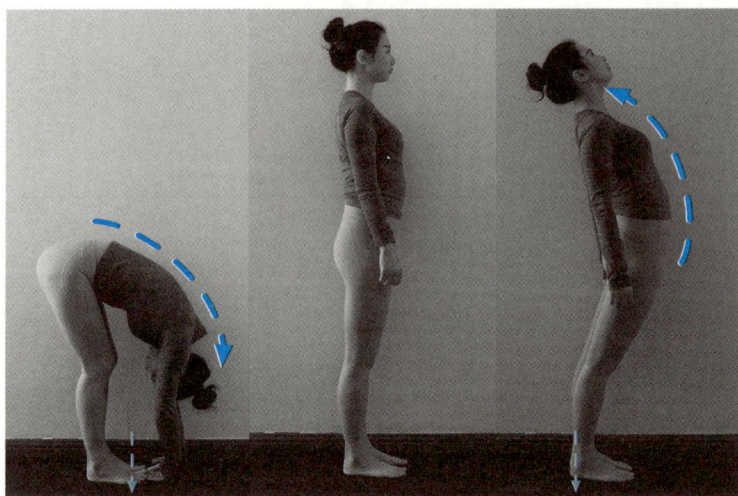

脊柱屈曲和脊柱伸展的阴阳关系

（1）屈曲力的传导：①脚掌前侧有压地的感觉；②脚掌后侧有抬起的感觉。

（2）伸展力的传导：①脚掌前侧有抬起的感觉；②脚掌后侧有压地的感觉。

（3）对地面的压力。

实线表示向下压地，虚线表示抬离地面。下面左图是屈曲，右图是伸展。		
脊柱屈曲	前实后虚	前 1 后 −1
脊柱伸展	前虚后实	前 −1 后 1

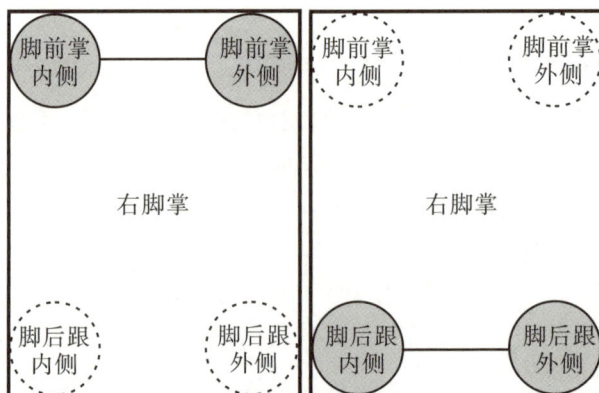

（4）屈曲主动肌。

屈曲主动肌包括腹直肌、腹外斜肌、腹内斜肌。

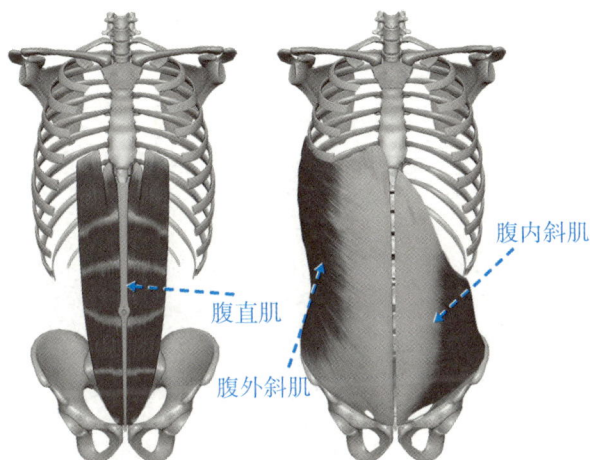

（5）伸展主动肌。

伸展主动肌包括横突棘肌、竖脊肌。

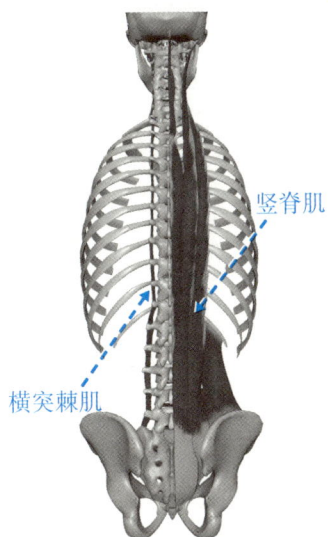

2. 脊柱侧弯低侧和脊柱侧弯高侧的阴阳关系

侧弯角度运动（下面左图为低侧，右图为高侧）：胸腔相对骨盆在冠状面向外向下旋转产生脊柱侧弯，高低两侧是阴阳拮抗关系。胸腔向低侧倾斜向下传导力量，胸腔向高侧倾斜向上传导力量。

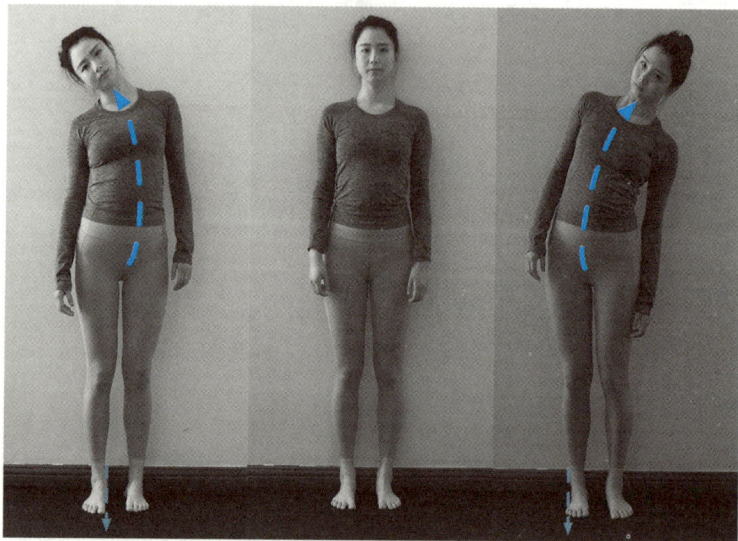

脊柱侧弯低侧和脊柱侧弯高侧的阴阳关系

（1）低侧力的传导：①脚掌内侧有压地的感觉；②脚掌外侧有抬起的感觉。

（2）高侧力的传导：①脚掌内侧有抬起的感觉；②脚掌外侧有压地的感觉。

（3）对地面的压力。

实线表示向下压地，虚线表示抬离地面。下面左图是低侧，右图是高侧。		
脊柱侧弯低侧	内实外虚	内1外-1
脊柱侧弯高侧	内虚外实	内-1外1

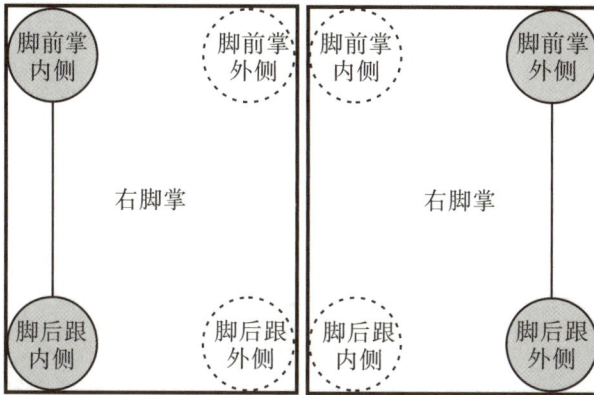

（4）侧弯主动肌。

侧弯主动肌包括竖脊肌、腰方肌、腹外斜肌、腹内斜肌。

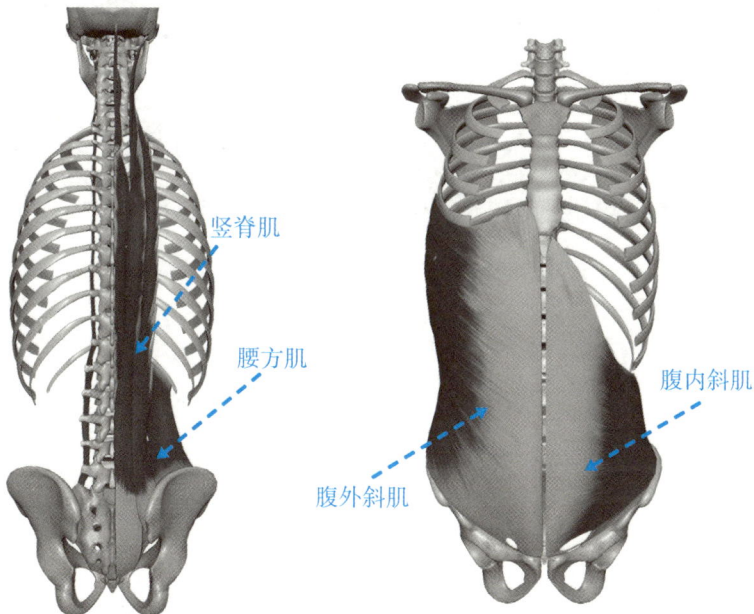

3. 脊柱向前旋转和脊柱向后旋转的阴阳关系

旋转角度运动（下面左图为向前，右图为向后）：胸腔相对骨盆在水平面向外旋转产生脊柱扭转，左右两侧是阴阳拮抗关系。胸腔向前侧旋转向下传导压力，胸腔向后侧旋转向上传导推力。

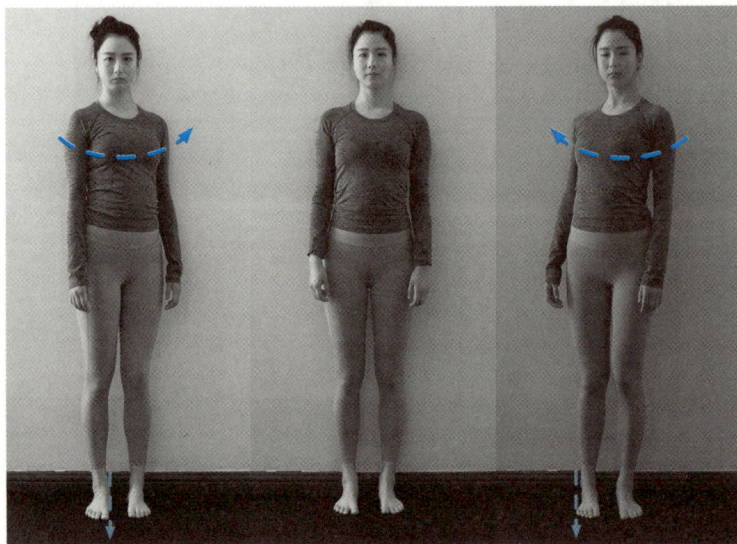

脊柱向前旋转和脊柱向后旋转的阴阳关系

（1）向前旋转力的传导：①脚掌内侧有压地的感觉；②脚掌外侧有抬起的感觉。

（2）向后旋转力的传导：①脚掌内侧有抬起的感觉；②脚掌外侧有压地的感觉。

（3）对地面的压力。

实线表示向下压地，虚线表示抬离地面。下面左图是向前，右图是向后。		
脊柱向前旋转	内实外虚	内 1 外 -1
脊柱向后旋转	内虚外实	内 -1 外 1

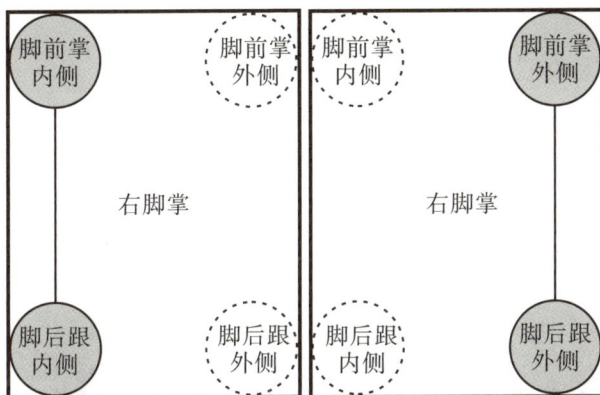

脚前掌内侧	脚前掌外侧
右脚掌	
脚后跟内侧	脚后跟外侧

脚前掌内侧	脚前掌外侧
右脚掌	
脚后跟内侧	脚后跟外侧

（4）向前旋转主动肌。

向前旋转主动肌为腹外斜肌。

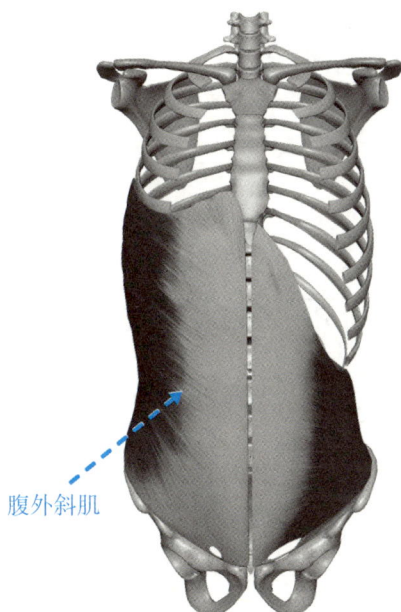

腹外斜肌

（5）向后旋转主动肌。

向后旋转主动肌包括腹内斜肌、横突棘肌。

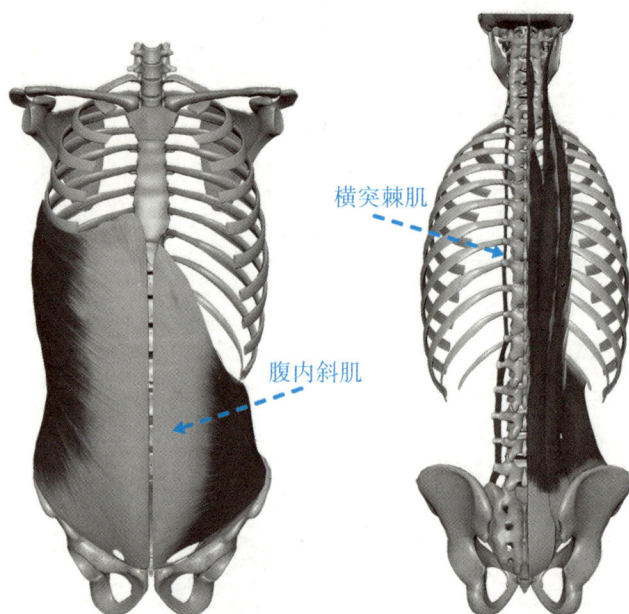

3.6　颈椎运动和力的传导

1. 颈椎屈曲和颈椎伸展的阴阳关系

屈曲角度运动：颅腔相对胸腔在矢状面顺时针旋转产生颈椎屈曲，向下将颅腔力量逐渐通过颈椎传导到胸腔。伸展角度运动：颅腔相对胸腔在矢状面逆时针旋转产生颈椎伸展，向上将胸腔力量逐渐通过颈椎传导到颅腔。

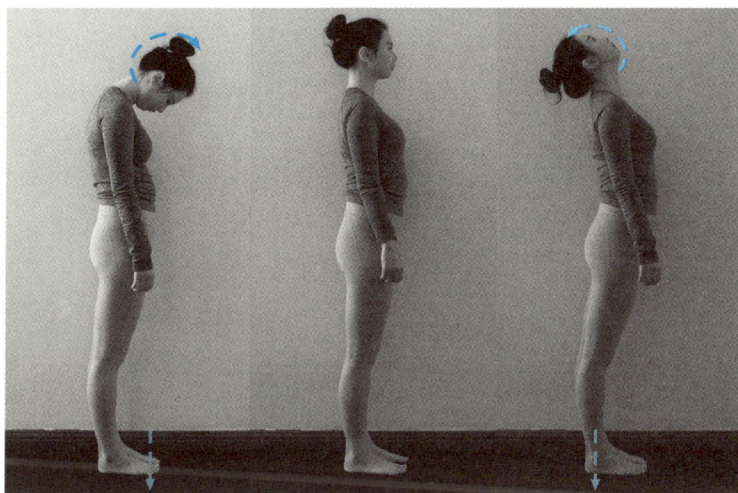

颈椎屈曲和颈椎伸展的阴阳关系

（1）屈曲力的传导：①脚掌前侧有压地的感觉；②脚掌后侧有抬起的感觉。

（2）伸展力的传导：①脚掌前侧有抬起的感觉；②脚掌后侧有压地的感觉。

（3）对地面的压力。

实线表示向下压地，虚线表示抬离地面。下面左图是屈曲，右图是伸展。		
颈椎屈曲	前实后虚	前 1 后 −1
颈椎伸展	前虚后实	前 −1 后 1

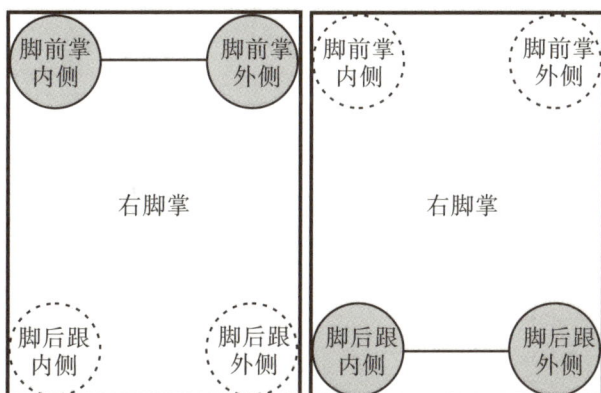

（4）屈曲主动肌。

屈曲主动肌包括胸锁乳突肌、斜角肌、头长肌、颈长肌。

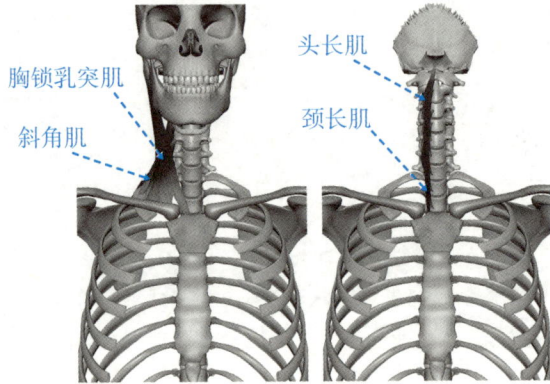

（5）伸展主动肌。

伸展主动肌包括上斜方肌、横突棘肌、竖脊肌。

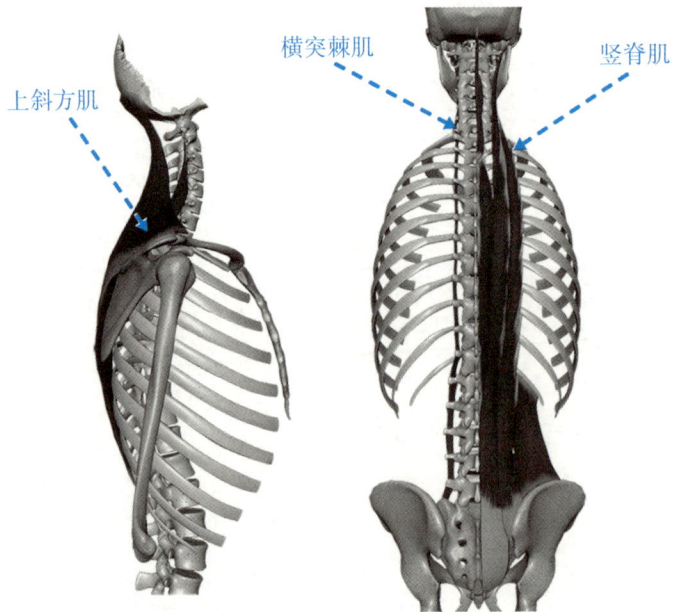

2. 颈椎侧弯低侧和颈椎侧弯高侧的阴阳关系

侧弯角度运动（下面左图为低侧，右图为高侧）：颅腔相对胸腔在冠状面向外向下旋转产生颈椎侧弯，左右两侧是阴阳拮抗关系。颅腔向低侧倾斜向下传导力，颅腔向高侧倾斜向上传导力。

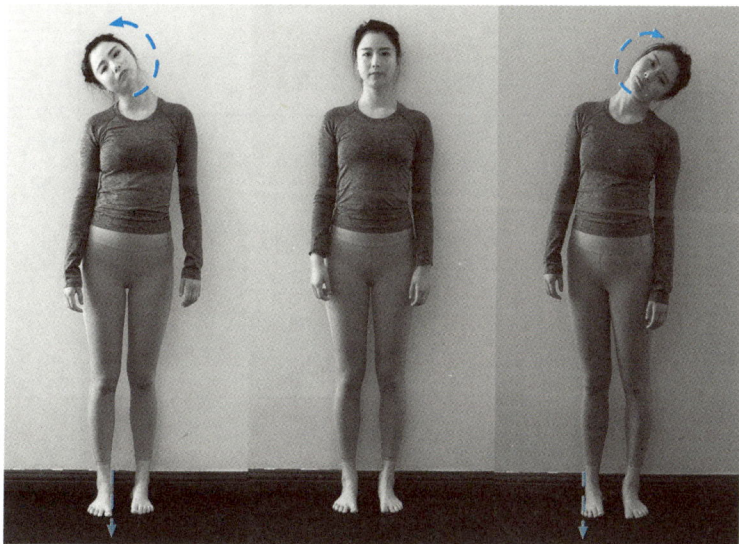

颈椎侧弯低侧和颈椎侧弯高侧的阴阳关系

（1）低侧力的传导：①脚掌内侧有压地的感觉；②脚掌外侧有抬起的感觉。

（2）高侧力的传导：①脚掌内侧有抬起的感觉；②脚掌外侧有压地的感觉。

（3）对地面的压力。

实线表示向下压地，虚线表示抬离地面。下面左图是低侧，右图是高侧。		
颈椎侧弯低侧	内实外虚	内 1 外 −1
颈椎侧弯高侧	内虚外实	内 −1 外 1

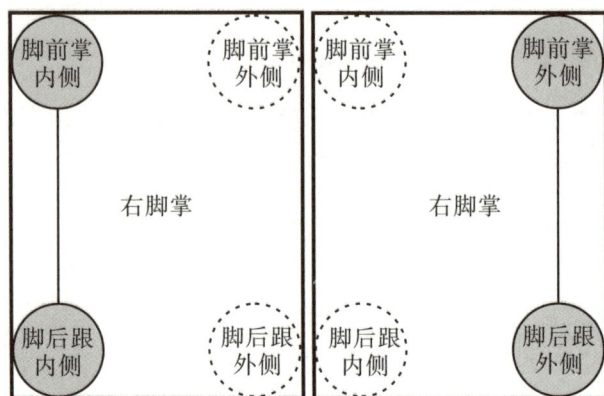

（4）侧弯主动肌。

侧弯主动肌包括斜角肌、胸锁乳突肌、头夹肌、颈夹肌、竖脊肌。

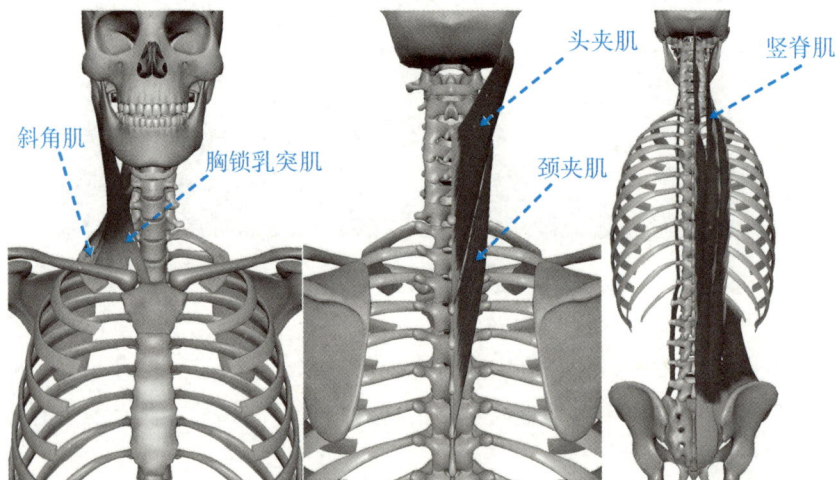

3. 颈椎向前旋转和颈椎向后旋转的阴阳关系

旋转角度运动（下面左图为向前，右图为向后）：颅腔相对胸腔在水平面向外旋转产生颈椎扭转，左右两侧是阴阳拮抗关系。颅腔向后侧旋转向下传导压力，颅腔向前侧旋转向上传导推力。

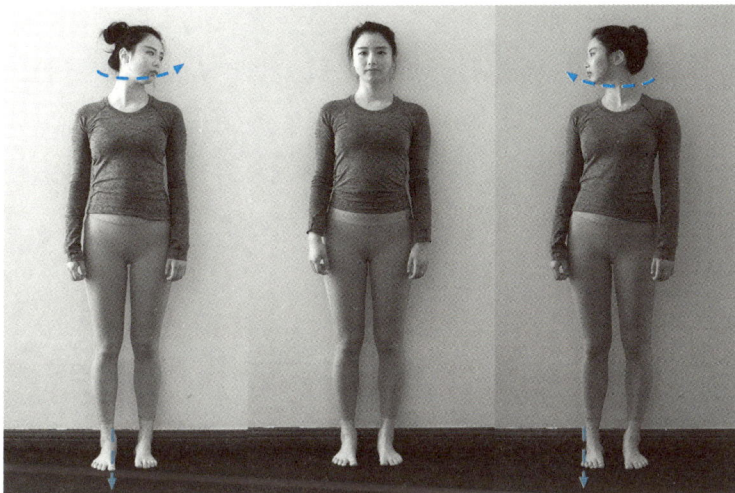

颈椎向前旋转和颈椎向后旋转的阴阳关系

（1）　向前旋转力的传导：①脚掌内侧有压地的感觉；②脚掌外侧有抬起的感觉。

（2）　向后旋转力的传导：①脚掌内侧有抬起的感觉；②脚掌外侧有压地的感觉。

（3）　对地面的压力。

实线表示向下压地，虚线表示抬离地面。下面左图是向前，右图是向后。		
颈椎向前旋转	内实外虚	内 1 外 –1
颈椎向后旋转	内虚外实	内 –1 外 1

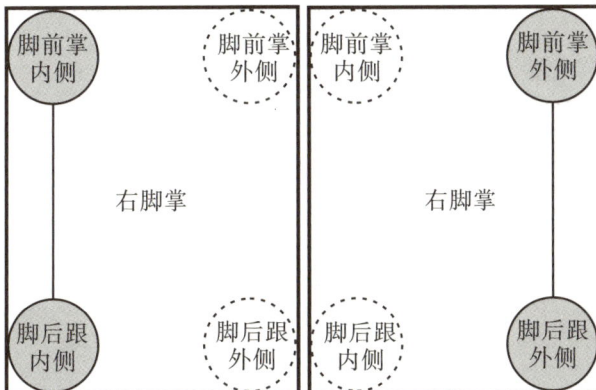

（4）向前旋转主动肌。

向前旋转主动肌包括斜角肌、胸锁乳突肌、上斜方肌、横突棘肌。

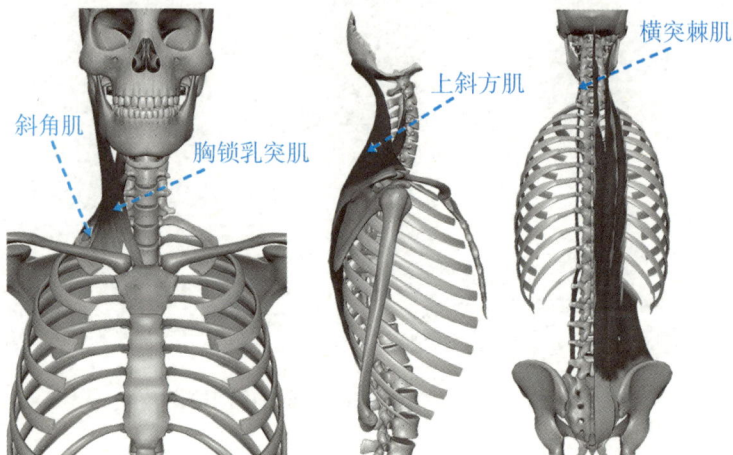

（5）向后旋转主动肌。

向后旋转主动肌包括头夹肌、颈夹肌、头后大直肌、头下斜肌。

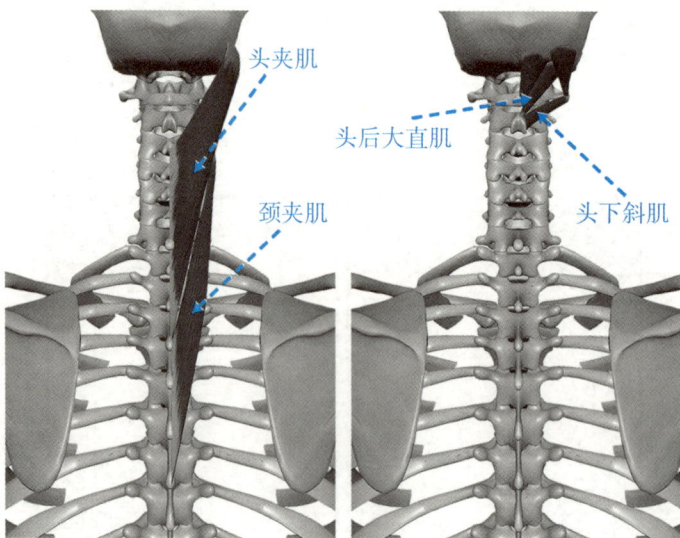

3.7 肩胛骨连接胸腔和上肢

1. 合并的传导

上肢运动的基础是肩胛骨的运动，肩胛骨力的传导可以和肩关节运动合并，在下一节介绍合并后力的传导。

2. 肩胛骨前突和后缩的阴阳关系

（1）下面左图是前突运动（在胸腔上滑动）：肩胛骨紧贴着胸腔在水平面向前滑动产生肩胛骨前突。

（2）下面右图是后缩运动（在胸腔上滑动）：肩胛骨紧贴着胸腔在水平面向后滑动产生肩胛骨后缩。

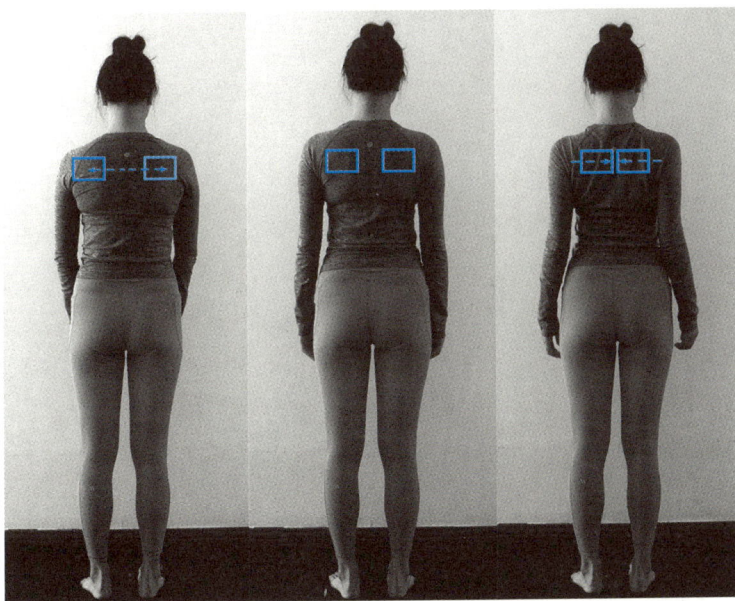

肩胛骨前突和后缩的阴阳关系

（3）前突主动肌。

前突主动肌包括前锯肌、胸小肌。

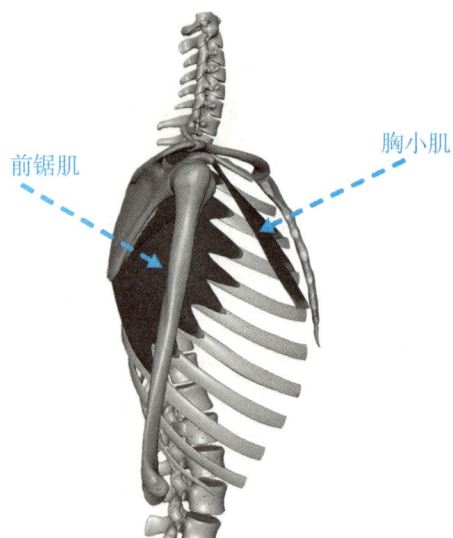

前锯肌　　　　胸小肌

（4）后缩主动肌。

后缩主动肌包括中斜方肌、大小菱形肌。

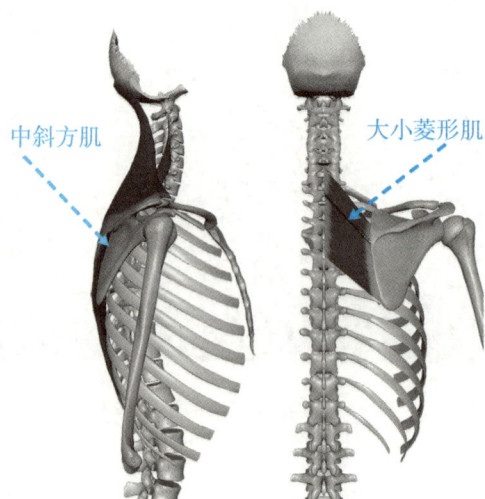

中斜方肌　　　　大小菱形肌

3. 肩胛骨上抬和下压的阴阳关系

（1）下面左图是上抬运动（在胸腔上滑动）：肩胛骨贴着胸腔在冠状面向上滑动产生肩胛骨上抬。

（2）下面右图是下压运动（在胸腔上滑动）：肩胛骨贴着胸腔在冠状面向下滑动产生肩胛骨下压。

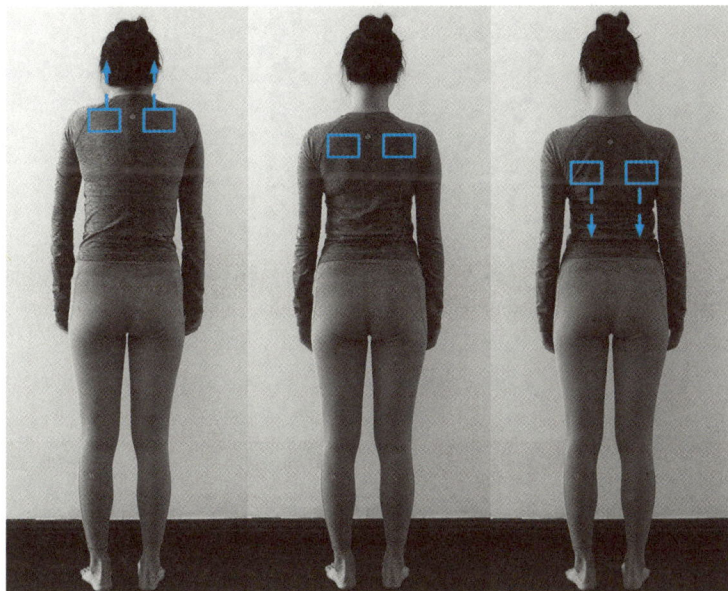

肩胛骨上抬和下压的阴阳关系

（3）上抬主动肌。

上抬主动肌包括上斜方肌、肩胛提肌、大小菱形肌。

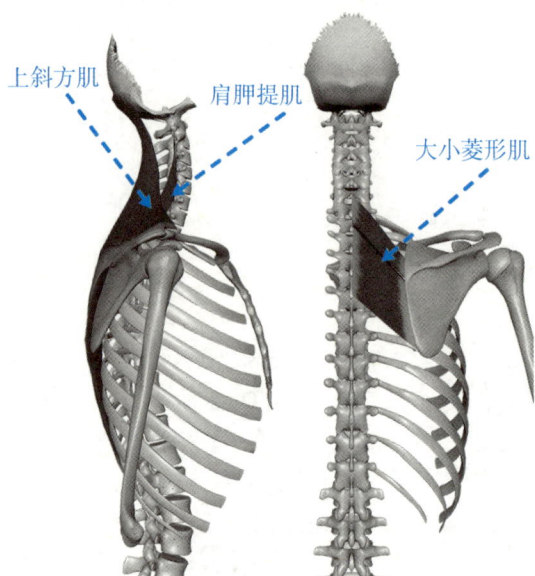

（4）下压主动肌。

下压主动肌包括下斜方肌、前锯肌、胸小肌。

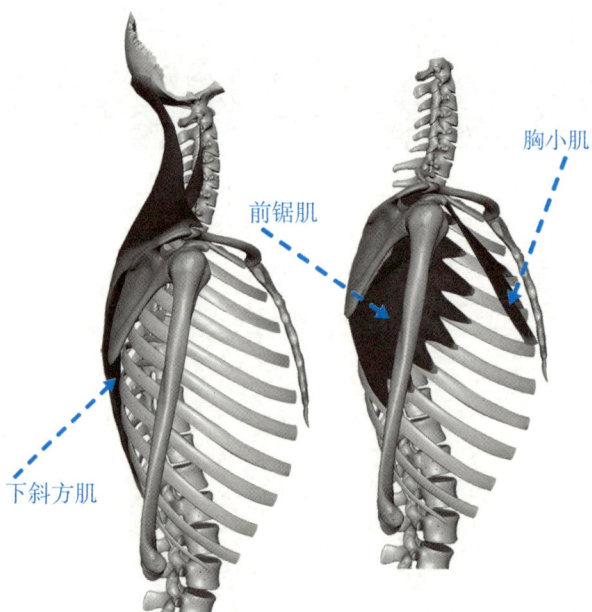

4. 肩胛骨上回旋和下回旋的阴阳关系

（1）下面左图是上回旋运动（在胸腔上滑动）：肩胛骨贴着胸腔在水平面和冠状面向前向上滑动产生肩胛骨上回旋。

（2）下面右图是下回旋运动（在胸腔上滑动）：肩胛骨贴着胸腔在矢状面和冠状面向后向下滑动产生肩胛骨下回旋。

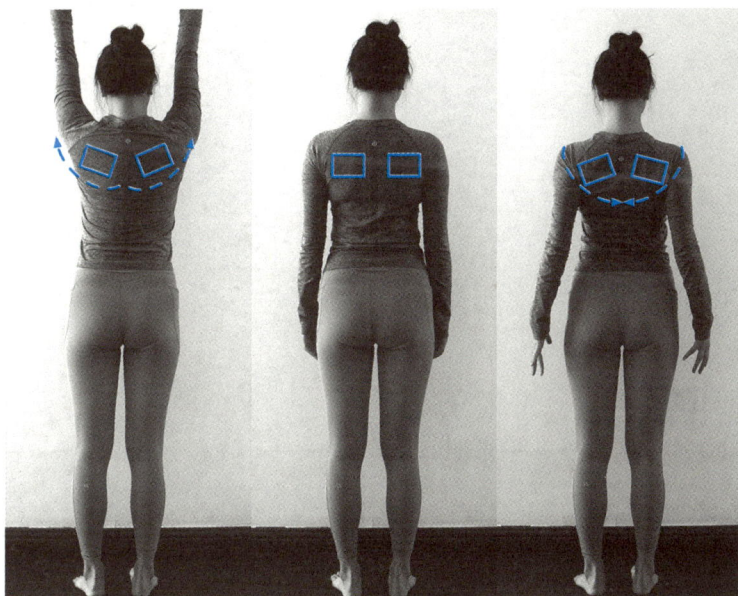

肩胛骨上回旋和下回旋的阴阳关系

（3）上回旋主动肌。

上回旋主动肌包括上下斜方肌、前锯肌。

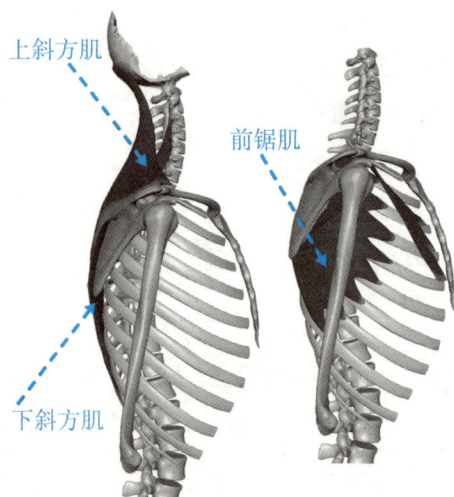

（4）下回旋主动肌。

下回旋主动肌包括大小菱形肌、胸小肌。

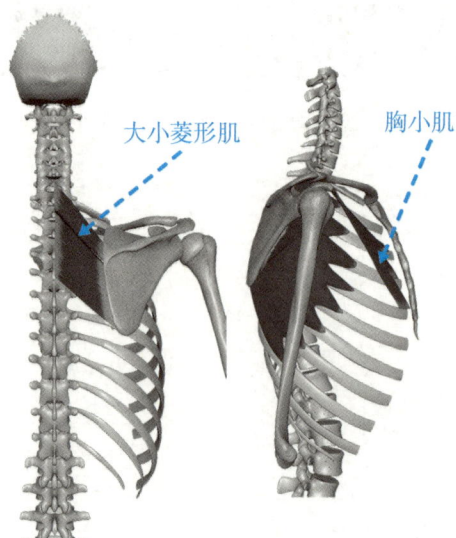

3.8　肩关节运动和力的传导

1. 肩关节是复合型运动

所有肩关节的运动，都是以肩胛骨运动为基础的盂肱关节的运动。

①肩屈曲和肩外展以肩胛骨上回旋为基础。

②肩伸展和肩内收以肩胛骨下回旋为基础。

③肩内旋和肩水平内收以肩胛骨前突为基础。

④肩外旋和肩水平外展以肩胛骨后缩为基础。

2. 肩伸展和肩屈曲的阴阳关系

下面左图是伸展角度运动：上臂围绕肩关节旋转轴在矢状面顺时针旋转产生肩伸展。右图是屈曲角度运动：上臂围绕肩关节旋转轴在矢状面逆时针旋转产生肩屈曲。

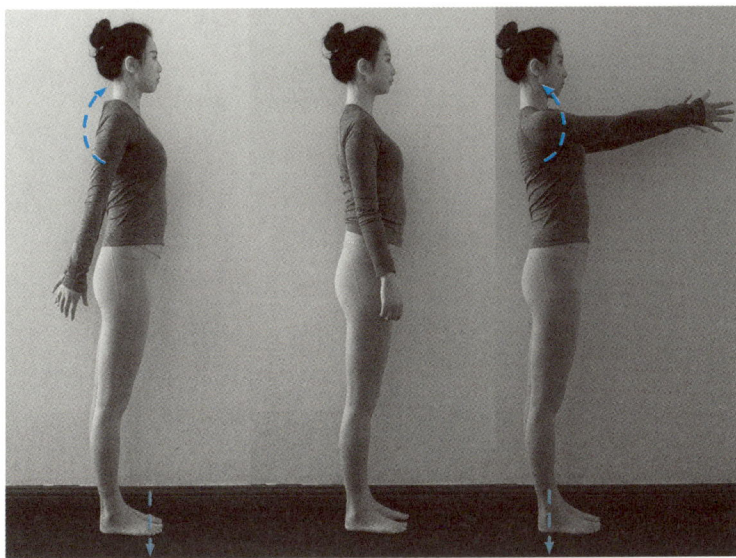

肩伸展和肩屈曲的阴阳关系

（1）伸展力的传导：①脚掌前侧有压地的感觉；②脚掌后侧有抬起的感觉。

（2）屈曲力的传导：①脚掌前侧有抬起的感觉；②脚掌后侧有压地的感觉。

（3）对地面的压力。

实线表示向下压地，虚线表示抬离地面。下面左图是伸展，右图是屈曲。		
肩伸展	前实后虚	前 1 后 –1
肩屈曲	前虚后实	前 –1 后 1

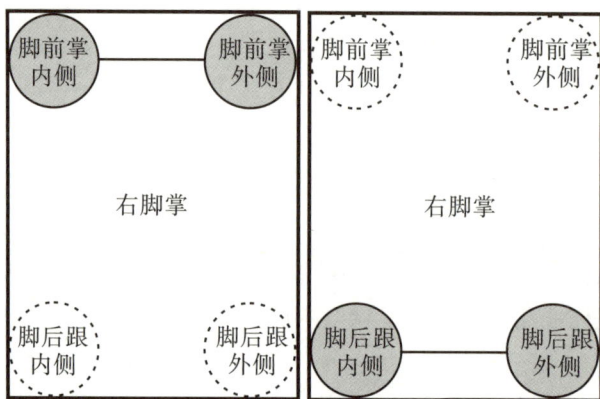

（4）伸展主动肌。

伸展主动肌包括三角肌后束、大圆肌、背阔肌、肱三头肌长头。

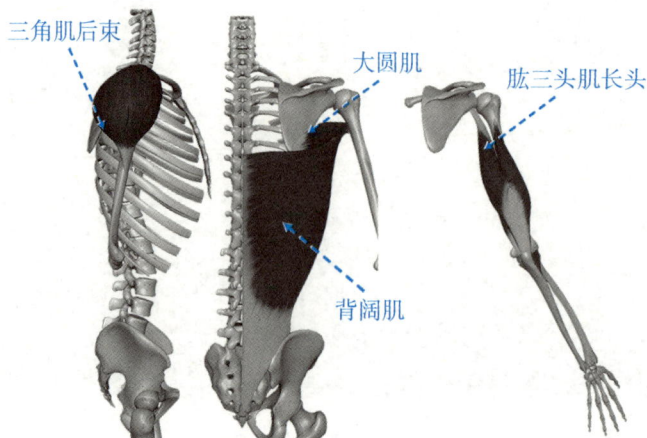

（5）屈曲主动肌。

屈曲主动肌包括三角肌前束、喙肱肌、胸大肌、肱二头肌。

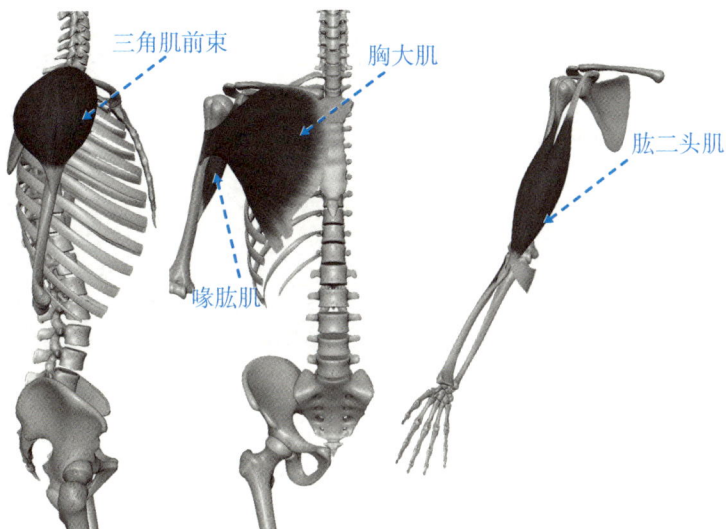

3. 肩内收和肩外展的阴阳关系

下面左图是内收角度运动：上臂围绕肩关节旋转轴在冠状面向内向上逆时针旋转产生肩内收。右图是外展角度运动：上臂围绕肩关节旋转轴在冠状面向外向上顺时针旋转产生肩外展。

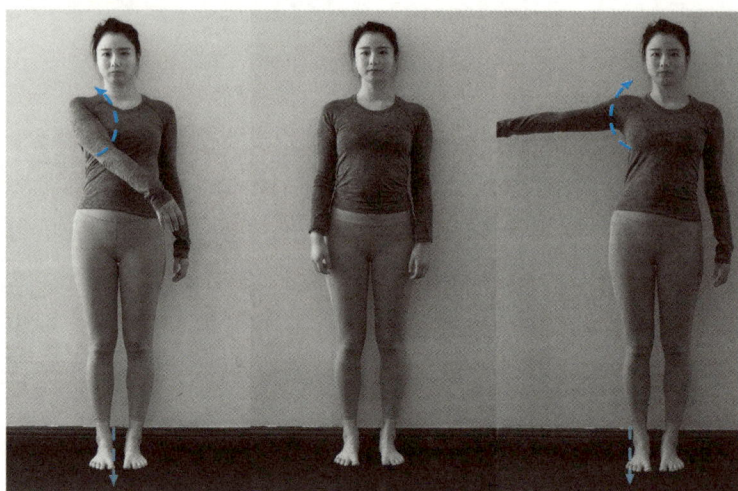

肩内收和肩外展的阴阳关系

（1）内收力的传导：①脚掌内侧有压地的感觉；②脚掌外侧有抬起的感觉。

（2）外展力的传导：①脚掌内侧有抬起的感觉；②脚掌外侧有压地的感觉。

（3）对地面的压力。

实线表示向下压地，虚线表示抬离地面。下面左图是内收，右图是外展。		
肩内收	内实外虚	内 1 外 -1
肩外展	内虚外实	内 -1 外 1

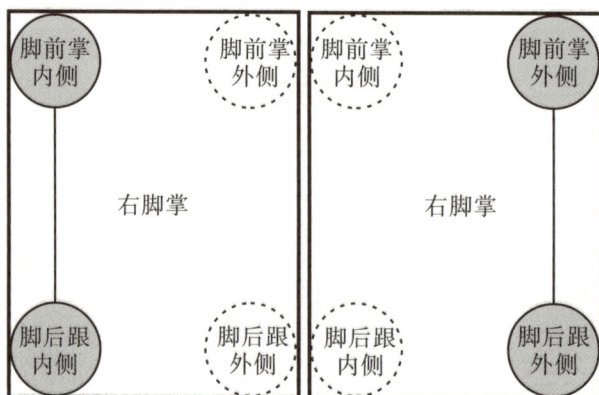

（4）内收主动肌。

内收主动肌包括三角肌后束、背阔肌、大圆肌、肱三头肌长头、喙肱肌、胸大肌。

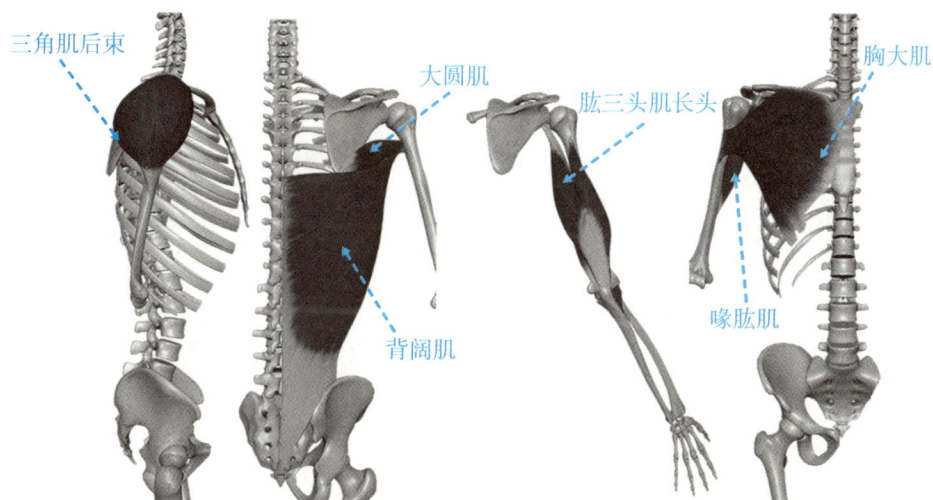

（5）外展主动肌。

外展主动肌包括三角肌中束、冈上肌。

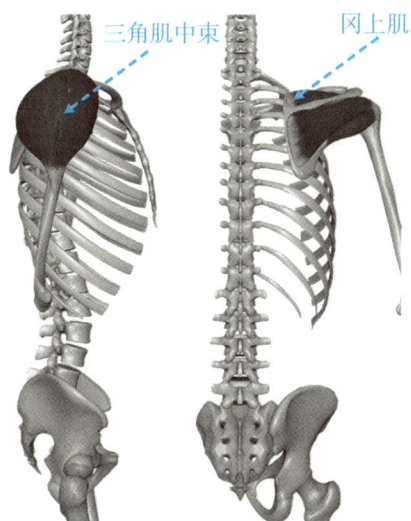

4. 肩内旋和肩外旋的阴阳关系

下面左图是内旋角度运动：上臂围绕肩关节旋转轴在水平面向内逆时针旋转产生肩内旋。右图是外旋角度运动：上臂围绕肩关节旋转轴在水平面向外顺时针旋转产生肩外旋。

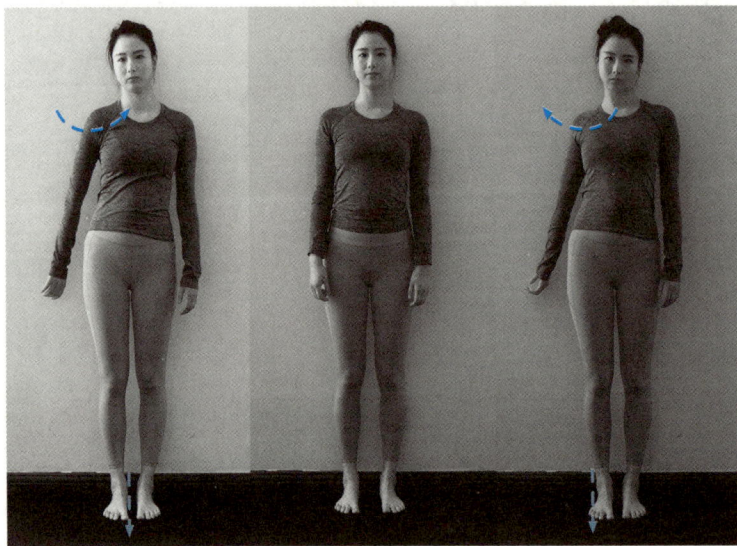

肩内旋和肩外旋的阴阳关系

（1）内旋力的传导：①脚掌内侧有压地的感觉；②脚掌外侧有抬起的感觉。

（2）外旋力的传导：①脚掌内侧有抬起的感觉；②脚掌外侧有压地的感觉。

（3）对地面的压力。

实线表示向下压地，虚线表示抬离地面。下面左图是内旋，右图是外旋。		
肩内旋	内实外虚	内 1 外 -1
肩外旋	内虚外实	内 -1 外 1

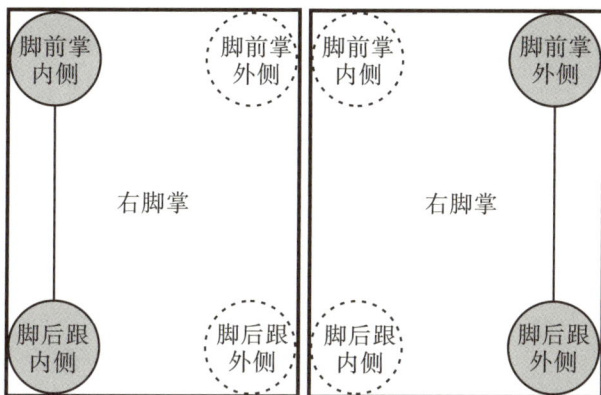

（4）内旋主动肌。

内旋主动肌包括三角肌前束、背阔肌、大圆肌、胸大肌、肩胛下肌。

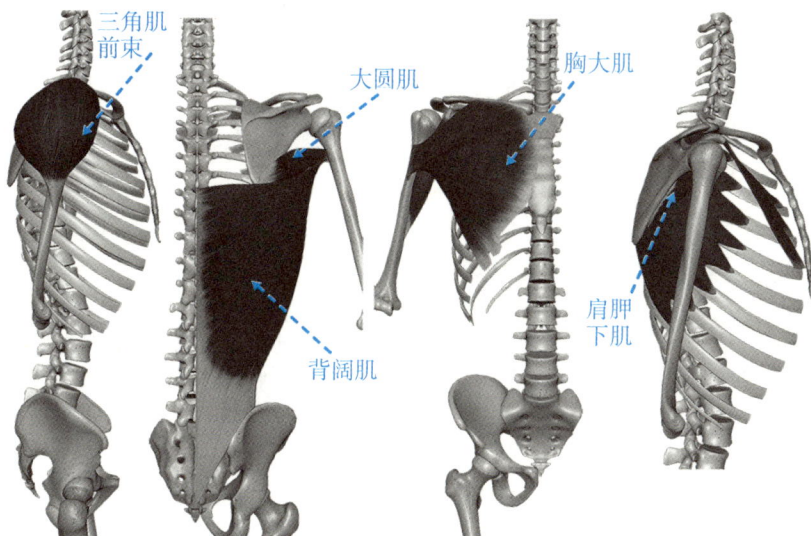

（5）外旋主动肌。

外旋主动肌包括三角肌后束、冈下肌、小圆肌。

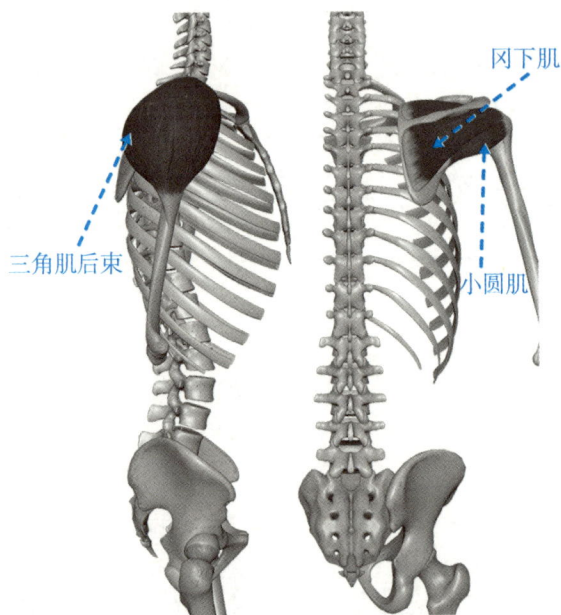

5. 肩水平内收和肩水平外展的阴阳关系

下面左图是水平内收角度运动：上臂屈曲 90 度后围绕肩关节旋转轴在水平面向内逆时针旋转产生肩关节水平内收。右图是水平外展角度运动：上臂屈曲 90 度后围绕肩关节旋转轴在水平面向外顺时针旋转产生肩关节水平外展。

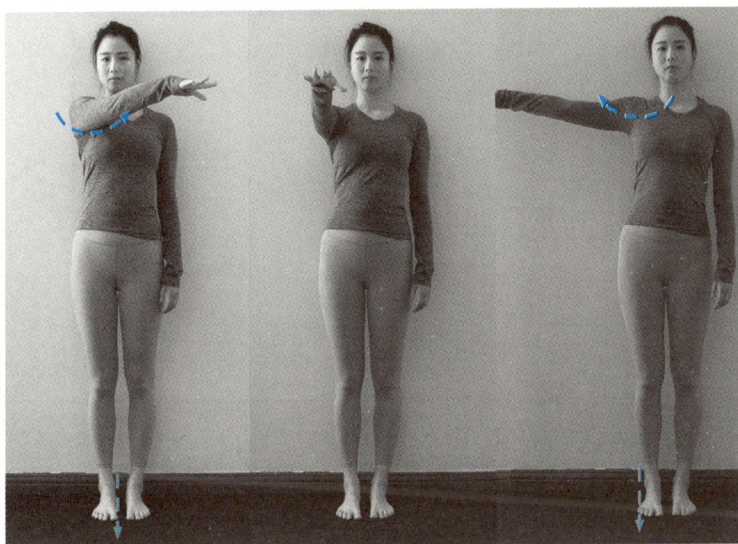

肩水平内收和肩水平外展的阴阳关系

（1）水平内收力的传导：①脚掌内侧有压地的感觉；②脚掌外侧有抬起的感觉。

（2）水平外展力的传导：①脚掌内侧有抬起的感觉；②脚掌外侧有压地的感觉。

（3）对地面的压力。

实线表示向下压地，虚线表示抬离地面。下面左图是水平内收，右图是水平外展。		
肩水平内收	内实外虚	内 1 外 −1
肩水平外展	内虚外实	内 −1 外 1

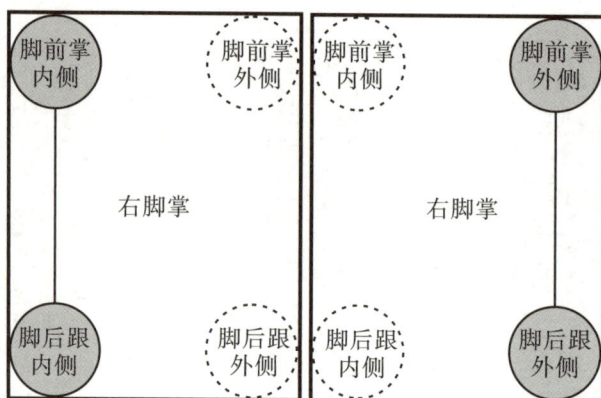

脚前掌内侧	（脚前掌外侧）
右脚掌	
脚后跟内侧	（脚后跟外侧）

（脚前掌内侧）	脚前掌外侧
右脚掌	
（脚后跟内侧）	脚后跟外侧

（4）水平内收主动肌。

水平内收主动肌包括三角肌前束、胸大肌。

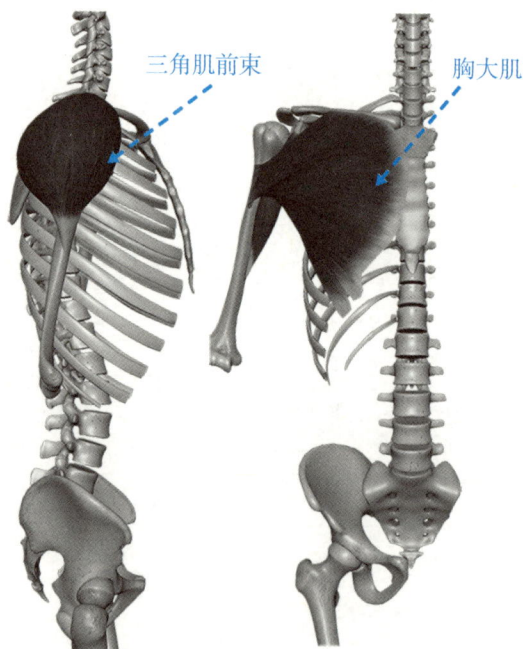

三角肌前束　　　　　胸大肌

上肢起始点为肩外展90度位置，运动到肩屈曲90度位置停止。

（5）水平外展主动肌为三角肌后束。

三角肌后束

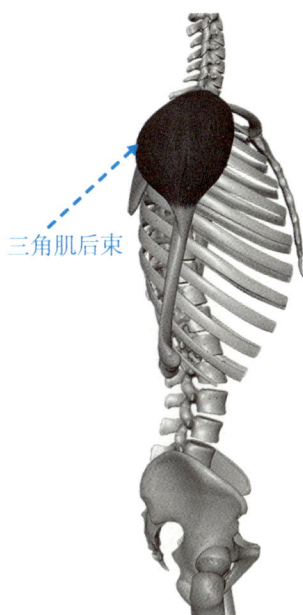

上肢起始点为肩屈曲 90 度位置，运动到肩外展 90 度位置停止。

3.9　肘关节运动和力的传导

1. 对肩的影响

肘关节力的传导对脚掌的直接影响比较小，对肩的直接影响比较大，通过肩部间接影响脚掌。

①肘屈曲对肩屈曲的影响。

②肘伸展对肩伸展的影响。

③前臂旋前对肩内旋的影响。

④前臂旋后对肩外旋的影响。

2. 肘屈曲和肘伸展的阴阳关系

下面左图是屈曲角度运动，即前臂围绕肘关节旋转轴在矢状面逆时针旋转产生肘屈曲；中间图是伸展角度运动，即前臂围绕肘关节旋转轴在矢状面顺时针旋转产生肘伸展；右图是肘超伸，即肘关节过度伸展产生肘超伸。

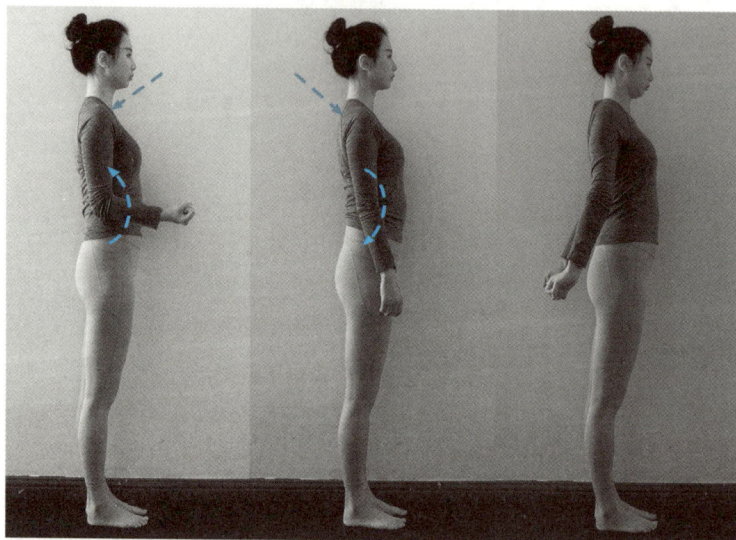

肘屈曲和肘伸展的阴阳关系

（1）屈曲主动肌。

屈曲主动肌包括肱二头肌长头、肱二头肌短头、肱肌、肱桡肌。

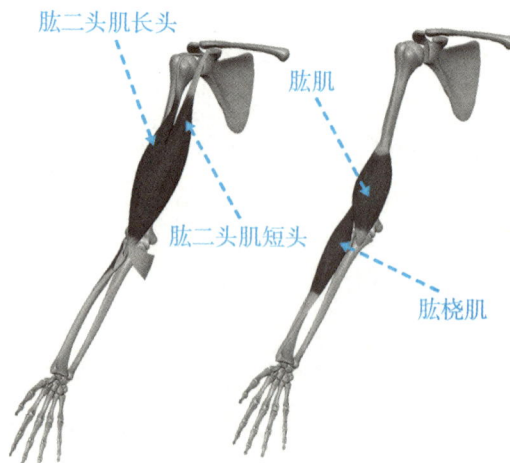

（2）伸展主动肌。

伸展主动肌包括肱三头肌长头、肱三头肌外侧头、肱三头肌内侧头、肘肌。

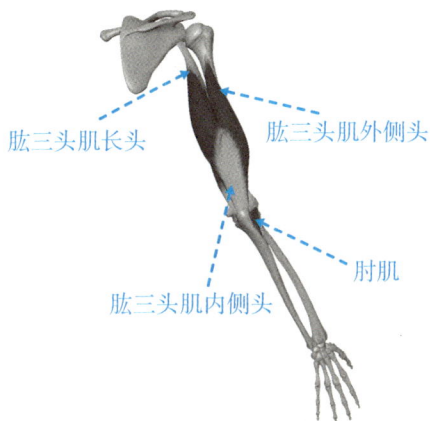

肱三头肌长头　　肱三头肌外侧头

肘肌

肱三头肌内侧头

3. 前臂旋前和前臂旋后的阴阳关系

下面左图是旋前角度运动：前臂围绕肘关节旋转轴在水平面向内顺时针旋转产生前臂旋前。右图是旋后角度运动：前臂围绕肘关节旋转轴在水平面向外逆时针旋转产生前臂旋后。

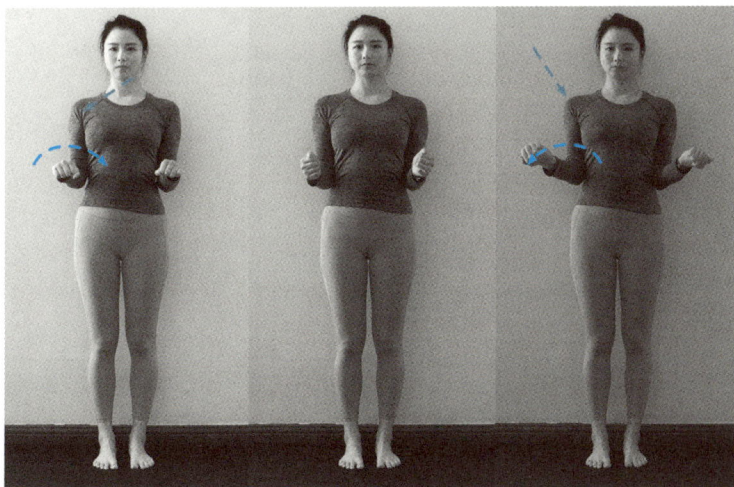

前臂旋前和前臂旋后的阴阳关系

（1）旋前主动肌。

旋前主动肌包括旋前方肌、旋前圆肌。

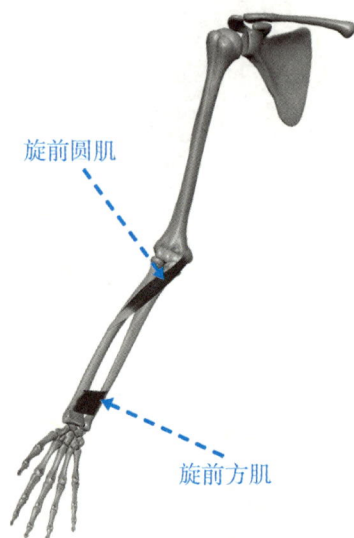

（2）旋后主动肌。

旋后主动肌包括肱二头肌长头、肱二头肌短头、旋后肌。

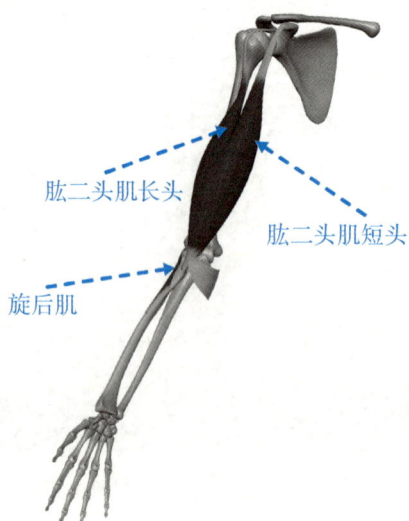

3.10 腕关节运动和力的传导

1. 对肩的影响

腕关节力的传导对脚掌的直接影响比较小，对肩的直接影响比较大，通过肩部间接影响脚掌。

①腕伸展对肩屈曲的影响。

②腕屈曲对肩伸展的影响。

③尺侧偏移对肩外展的影响。

④桡侧偏移对肩内收的影响。

2. 腕伸展和腕屈曲的阴阳关系

下面左图是伸展角度运动：手部围绕腕关节旋转轴在矢状面逆时针旋转产生腕伸展。右图是屈曲角度运动：手部围绕腕关节旋转轴在矢状面顺时针旋转产生腕屈曲。

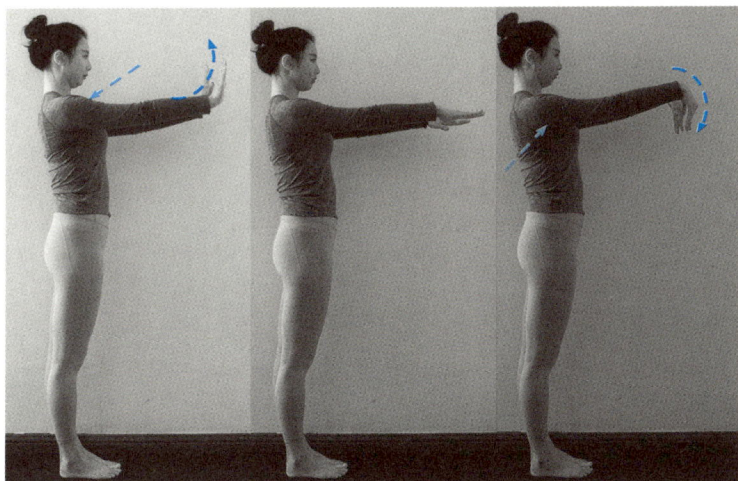

腕伸展和腕屈曲的阴阳关系

（1）伸展主动肌。

伸展主动肌包括桡侧腕短伸肌、桡侧腕长伸肌、尺侧腕伸肌。

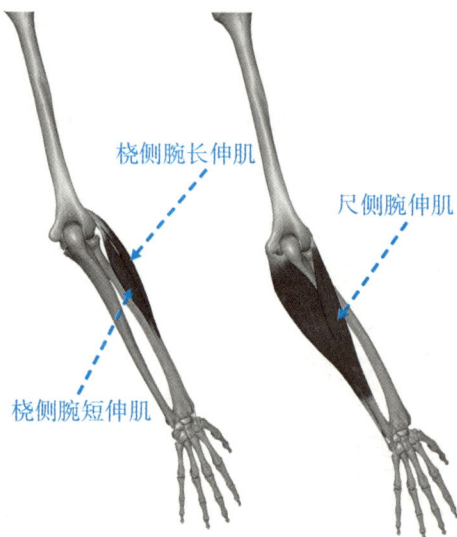

（2）屈曲主动肌。

屈曲主动肌包括尺侧腕屈肌、桡侧腕屈肌、掌长肌、指浅屈肌。

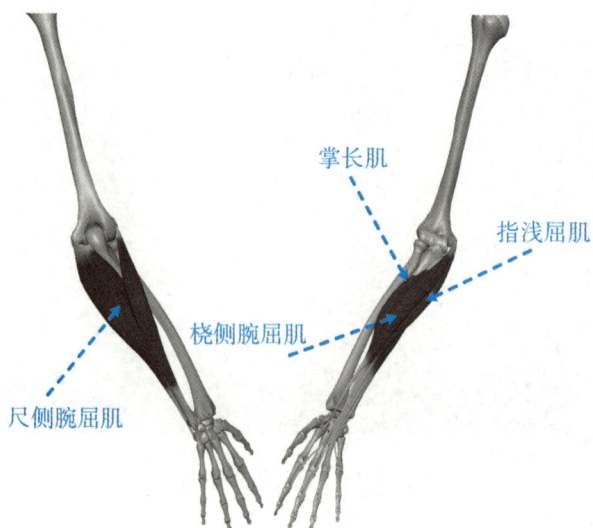

3. 尺侧偏移和桡侧偏移的阴阳关系

下面左图是尺侧角度运动：手部围绕腕关节旋转轴在冠状面向内向下逆时针旋转产生尺侧偏移。右图是桡侧角度运动：手部围绕腕关节旋转轴在冠状面向外向上顺时针旋转产生桡侧偏移。

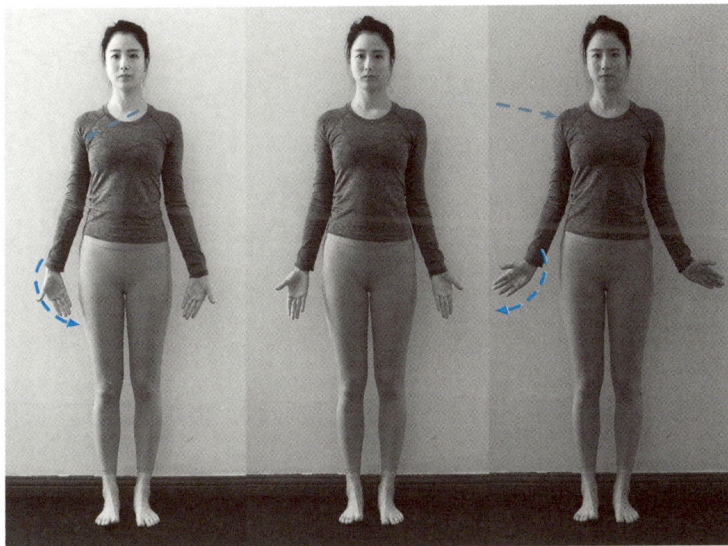

尺侧偏移和桡侧偏移的阴阳关系

（1）尺侧主动肌。

尺侧主动肌包括尺侧腕屈肌、尺侧腕伸肌。

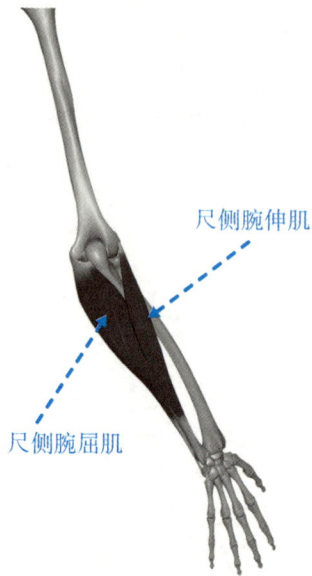

（2）桡侧主动肌。

桡侧主动肌包括桡侧腕短伸肌、桡侧腕长伸肌、桡侧腕屈肌、拇指长伸肌、拇指短伸肌。

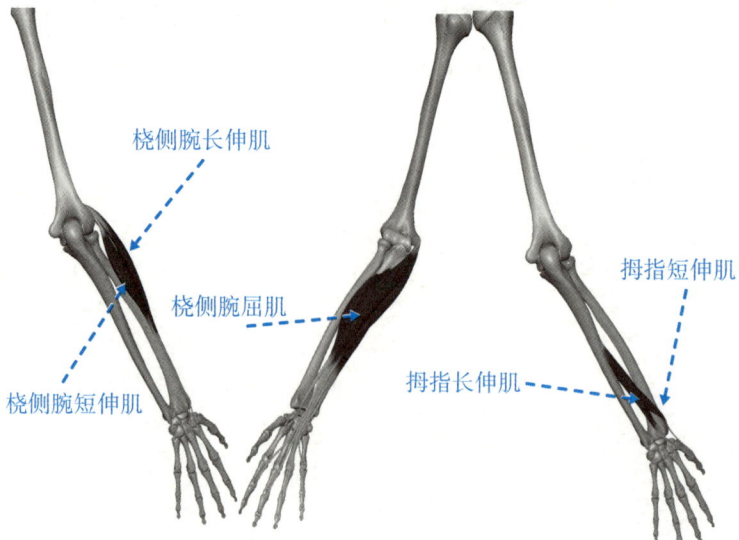

3.11 运动平面和力的传导

前述运动平面和力的传导总结如下表所示。

矢状面		冠状面		水平面	
足跖屈	前实后虚	足外翻	内实外虚		
足背屈	前虚后实	足内翻	内虚外实		
膝屈曲	前实后虚			膝内旋	内实外虚
膝伸展	前实后实			膝外旋	内虚外实
髋伸展	前实后虚	髋内收	内实外虚	髋内旋	内实外虚
髋屈曲	前实后实	髋外展	内虚外实	髋外旋	内虚外实
骨盆前倾	前实后虚	骨盆侧倾低侧	内实外虚	骨盆向前旋转	内实外虚
骨盆后倾	前虚后实	骨盆侧倾高侧	内虚外实	骨盆向后旋转	内虚外实
脊柱屈曲	前实后虚	脊柱侧弯低侧	内实外虚	脊柱向前旋转	内实外虚
脊柱伸展	前虚后实	脊柱侧弯高侧	内虚外实	脊柱向后旋转	内实外虚
颈椎屈曲	前实后虚	颈椎侧弯低侧	内实外虚	颈椎向前旋转	内实外虚
颈椎伸展	前虚后实	颈椎侧弯高侧	内虚外实	颈椎向后旋转	内虚外实
肩伸展	前实后虚	肩内收	内实外虚	肩内旋和肩水平内收	内实外虚
肩屈曲	前实后实	肩外展	内虚外实	肩外旋和肩水平外展	内虚外实

4 冠状面力态

4.1 冠状面同侧运动模式

1. 以右髋外展为参考的同侧运动

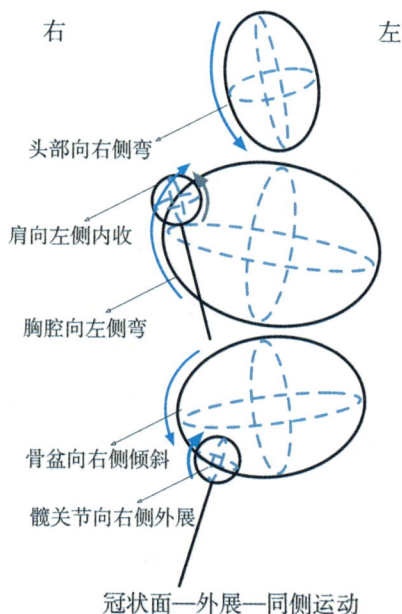

右   左

头部向右侧弯

肩向左侧内收

胸腔向左侧弯

骨盆向右侧倾斜

髋关节向右侧外展

冠状面—外展—同侧运动

（1）右髋在冠状面顺时针旋转，右侧髋外展。
（2）骨盆逆时针旋转，与髋关节保持相对的平衡，骨盆侧倾（右侧低）。
（3）胸腔顺时针旋转，与骨盆保持相对的平衡，胸腔侧弯（右侧高）。
（4）右肩关节逆时针旋转，与胸腔保持相对的平衡，右侧肩内收。
（5）上下肢同侧髋外展和肩内收运动相反。
（6）颅腔逆时针旋转，与胸腔保持相对的平衡，颅腔侧弯（右侧低）。

2. 以右髋内收为参考的同侧运动

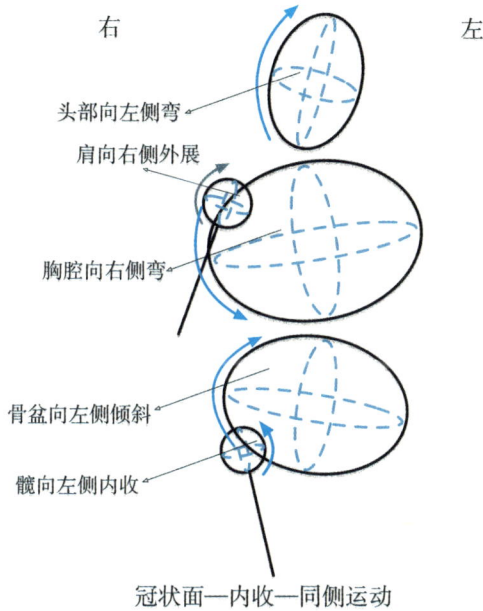

右   左

头部向左侧弯

肩向右侧外展

胸腔向右侧弯

骨盆向左侧倾斜

髋向左侧内收

冠状面—内收—同侧运动

（1）右髋在冠状面逆时针旋转，右侧髋内收。
（2）骨盆顺时针旋转，与髋关节保持相对的平衡，骨盆侧倾（右侧高）。
（3）胸腔逆时针旋转，与骨盆保持相对的平衡，胸腔侧弯（右侧低）。
（4）右肩关节顺时针旋转，与胸腔保持相对的平衡，右侧肩外展。
（5）上下肢同侧髋内收和肩外展运动相反。
（6）颅腔顺时针旋转，与胸腔保持相对的平衡，颅腔侧弯（右侧高）。

3. 同侧运动关系——上下肢相反

右髋外展	左髋外展
骨盆侧倾（右低）	骨盆侧倾（左低）
胸腔侧弯（右高）	胸腔侧弯（左高）

颅腔侧弯（右低）	颅腔侧弯（左低）
右肩内收	左肩内收
右髋内收	左髋内收
骨盆侧倾（右高）	骨盆侧倾（左高）
胸腔侧弯（右低）	胸腔侧倾（左低）
颅腔侧弯（右高）	颅腔侧弯（左高）
右肩外展	左肩外展

4.2 冠状面对侧运动模式

1. 以右髋外展为参考的对侧运动

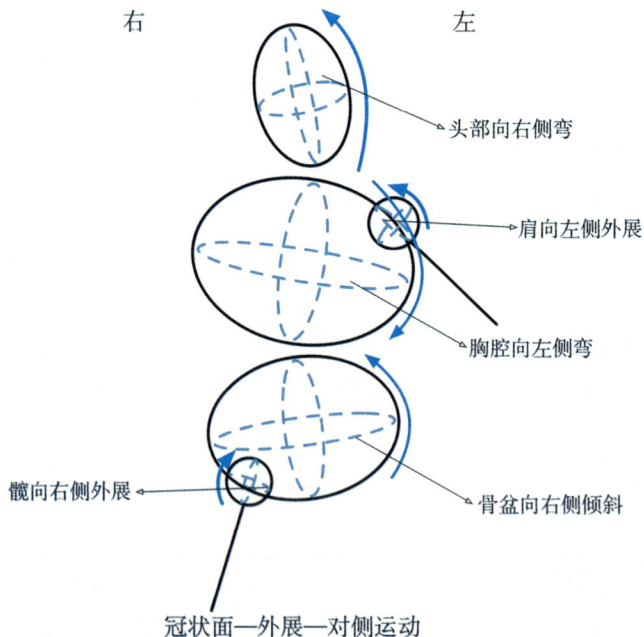

冠状面—外展—对侧运动

（1）右髋在冠状面顺时针旋转，右侧髋外展。

（2）骨盆逆时针旋转，与髋关节保持相对的平衡，骨盆侧倾（右侧低）。

（3）胸腔顺时针旋转，与骨盆保持相对的平衡，胸腔侧弯（右侧高）。

（4）左肩关节逆时针旋转，与胸腔保持相对的平衡，左侧肩外展。

（5）上下肢对侧髋外展和肩外展运动相同。

（6）颅腔逆时针旋转，与胸腔保持相对的平衡，颅腔侧弯（右侧低）。

2. 以右髋内收为参考的对侧运动

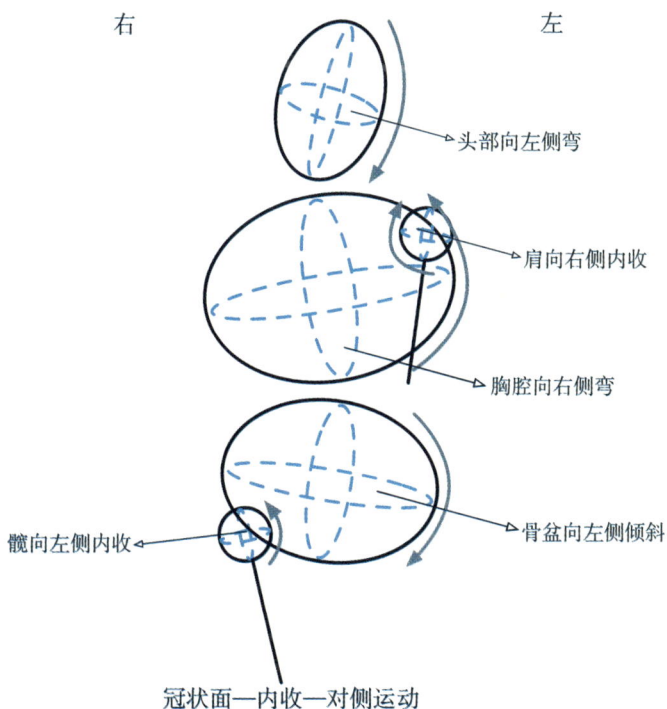

右　　　　　　　　　　左

头部向左侧弯

肩向右侧内收

胸腔向右侧弯

骨盆向左侧倾斜

髋向左侧内收

冠状面—内收—对侧运动

（1）右髋在冠状面逆时针旋转，右侧髋内收。

（2）骨盆顺时针旋转，与髋关节保持相对的平衡，骨盆侧倾（右侧高）。

（3）胸腔逆时针旋转，与骨盆保持相对的平衡，胸腔侧弯（右侧低）。

（4）左肩关节顺时针旋转，与胸腔保持相对的平衡，右侧肩内收。

（5）上下肢对侧髋内收和肩内收运动相同。

（6）颅腔顺时针旋转，与胸腔保持相对的平衡，颅腔侧弯（右侧高）。

3. 对侧运动关系——上下肢相同

右髋外展	左髋外展
骨盆侧倾（右低）	骨盆侧倾（左低）
胸腔侧弯（右高）	胸腔侧弯（左高）
颅腔侧弯（右低）	颅腔侧弯（左低）
左肩外展	右肩外展
右髋内收	左髋内收
骨盆侧倾（右高）	骨盆侧倾（左高）
胸腔侧弯（右低）	胸腔侧倾（左低）
颅腔侧弯（右高）	颅腔侧弯（左高）
左肩内收	右肩内收

4.3 冠状面压力和张力

1. 以右髋外展为参考的压力和张力

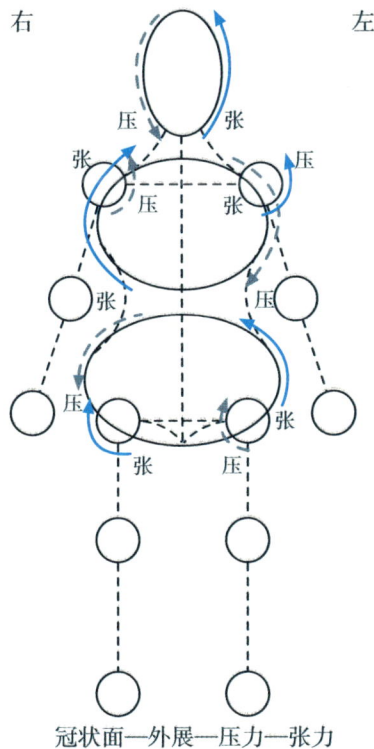

冠状面—外展—压力—张力

（1）压力线对侧关系：两个箭头汇聚产生压力，六个压力区域保持相对的平衡关系。总压力不变的情况下，某一区域压力过大，其他区域压力就会过小。

①左髋内侧汇聚产生压力。

②右髋外侧汇聚产生压力。

③左腰汇聚产生压力。

④右肩内侧汇聚产生压力。

⑤左肩外侧汇聚产生压力。

⑥右颈汇聚产生压力。

（2）张力线对侧关系：两个箭头分离产生张力，六个张力区域保持相对的平衡关系。总张力不变的情况下，某一区域张力过大，其他区域张力就会过小。

①右髋内侧分离产生张力。

②左髋外侧分离产生张力。

③右腰分离产生张力。

④左肩内侧分离产生张力。

⑤右肩外侧分离产生张力。

⑥左颈分离产生张力。

（3）张压力关系。

右	右髋内张力	右髋外压力	右腰张力	右肩内压力	右肩外张力	右颈压力
左	左髋内压力	左髋外张力	左腰压力	左肩内张力	左肩外压力	左颈张力

（4）张压力的波动关系。

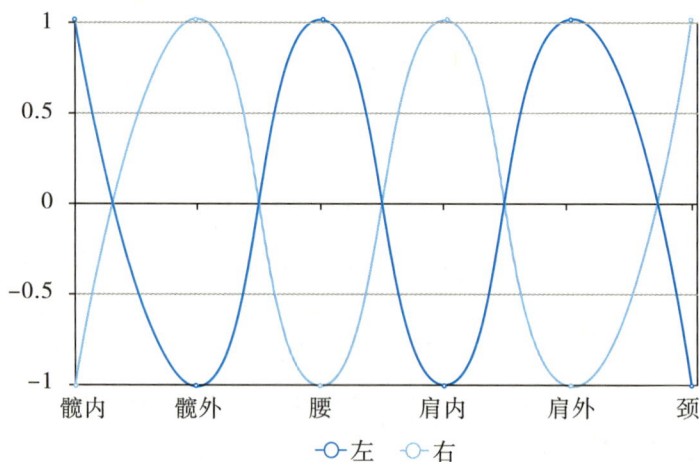

冠状面张压力波动关系图

1 表示压力，−1 表示张力。压力线和张力线上同一时间总是对侧肢体的波动；同侧肢体在不同时间形成压力和张力的波动。左右侧六个张压力区域在波动中保持平衡。当某一区域的一对平衡关系被破坏，其他区域都会受到影响。

2. 以右髋内收为参考的压力和张力

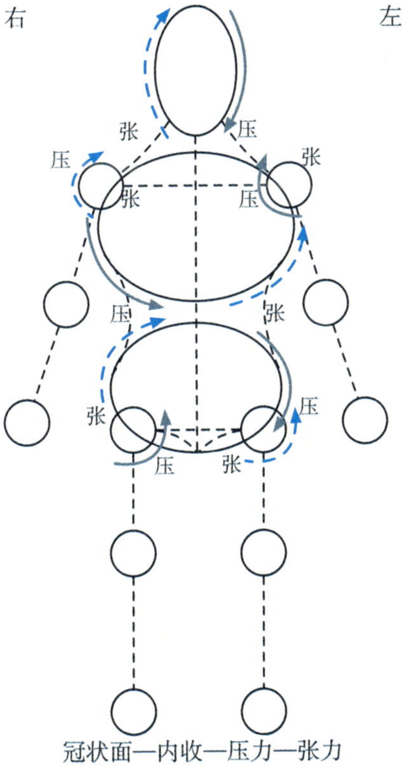

冠状面—内收—压力—张力

以右髋内收为参考的压力和张力

（1）压力线对侧关系：两个箭头汇聚产生压力，六个压力区域保持相对的平衡关系。总压力不变的情况下，某一区域压力过大，其他区域压力就会过小。

①右髋内侧汇聚产生压力。

②左髋外侧汇聚产生压力。

③右腰汇聚产生压力。

④右肩外侧汇聚产生压力。

⑤左肩外侧汇聚产生压力。

⑥左颈汇聚产生压力。

（2）张力线对侧关系：两个箭头分离产生张力，六个张力区域保持相对的平衡关系。总张力不变的情况下，某一区域张力过大，其他区域张力就会过小。

①左髋内侧分离产生张力。

②右髋外侧分离产生张力。

③左腰分离产生张力。

④右肩内侧分离产生张力。

⑤左肩外侧分离产生张力。

⑥右颈分离产生张力。

（3）张压力关系。

右	右髋内压力	右髋外张力	右腰压力	右肩内张力	右肩外压力	右颈张力
左	左髋内张力	左髋外压力	左腰张力	左肩内压力	左肩外张力	左颈压力

（4）张压力的波动关系。

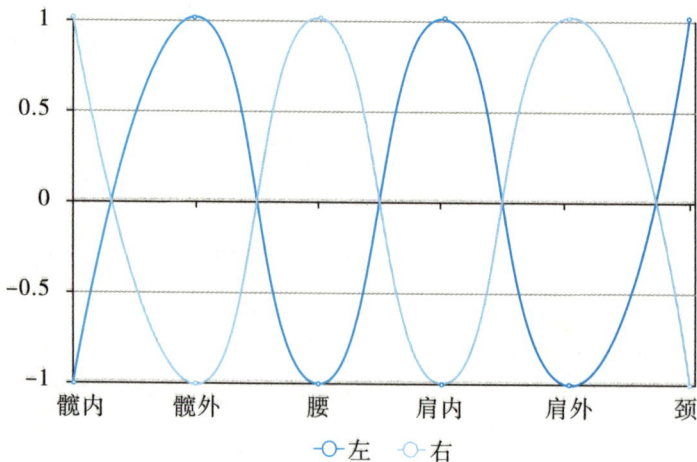

冠状面张压力波动关系图

1 表示压力，−1 表示张力。压力线和张力线上同一时间总是对侧肢体的波动；同侧肢体在不同时间形成压力和张力的波动。左右侧六个张压力区域在波动中保持平衡。当某一区域的一对平衡关系被破坏，其他区域都会受到影响。

4.4 冠状面上下肢运动和张压力

1. 同侧模式

（1）右髋外展和右肩内收。

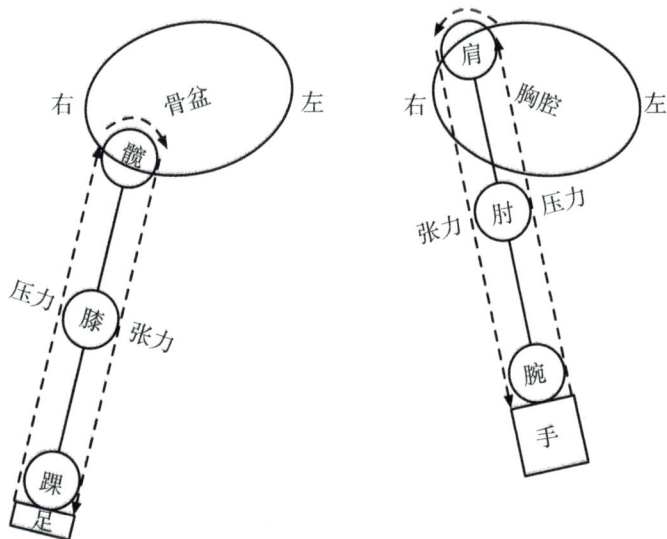

髋外展和肩内收同侧图

①右髋外展顺时针旋转，膝关节没有冠状面运动的能力，足部外翻顺时针旋转。整个外侧承受压力，内侧承受张力。

②右肩内收逆时针旋转，肘关节没有冠状面运动的能力，腕部尺侧偏移逆时针旋转。整个外侧承受张力，内侧承受压力。

（2）右髋内收和右肩外展。

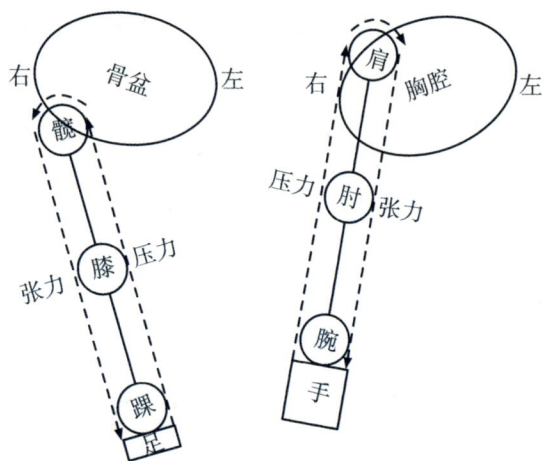

髋内收和肩外展同侧图

①右髋内收逆时针旋转，膝关节没有冠状面运动的能力，足部内翻逆时针旋转。整个外侧承受张力，内侧承受压力。

②右肩外展顺时针旋转，肘关节没有冠状面运动的能力，腕部桡侧偏移顺时针旋转。整个外侧承受压力，内侧承受张力。

（3）上下肢关系。

第一种	右髋外展	外侧压力	内侧张力
	右肩内收	外侧张力	内侧压力
第二种	右髋内收	外侧张力	内侧压力
	右肩外展	外侧压力	外侧张力

2. 对侧模式

（1）右髋外展和左肩外展。

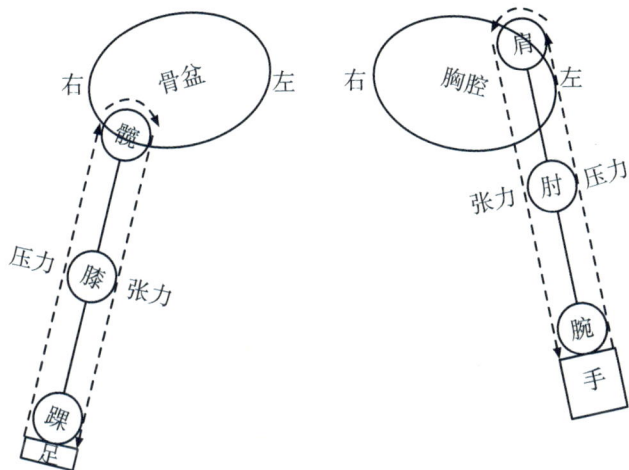

髋外展和肩外展对侧图

①右髋外展顺时针旋转，膝关节没有冠状面运动的能力，足部外翻顺时针旋转。整个外侧承受压力，内侧承受张力。

②左肩外展逆时针旋转，肘关节没有冠状面运动的能力，腕部桡侧偏移顺时针旋转。整个外侧承受压力，内侧承受张力。

（2）右髋内收和左肩内收。

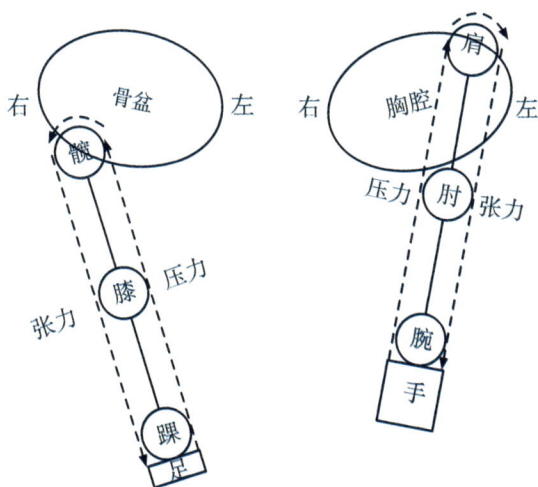

髋内收和肩内收对侧图

①右髋内收逆时针旋转，膝关节没有冠状面运动的能力，足部内翻逆时针旋转。整个外侧承受张力，内侧承受压力。

②左肩内收顺时针旋转，肘关节没有冠状面运动的能力，腕部尺侧偏移逆时针旋转。整个外侧承受张力，内侧承受压力。

（3）上下肢关系。

第一种	右髋外展	外侧压力	内侧张力
	左肩外展	外侧压力	内侧张力
第二种	右髋内收	外侧张力	内侧压力
	左肩内收	外侧张力	外侧压力

4.5 冠状面力态关系

1. 上下肢和中轴旋转关系

以髋外展为例	左右下肢—顺时针旋转	骨盆—逆时针旋转
	左右上肢和颅腔—逆时针旋转	胸腔—顺时针旋转
以髋内收为例	左右下肢—逆时针旋转	骨盆—顺时针旋转
	左右上肢和颅腔—顺时针旋转	胸腔—逆时针旋转

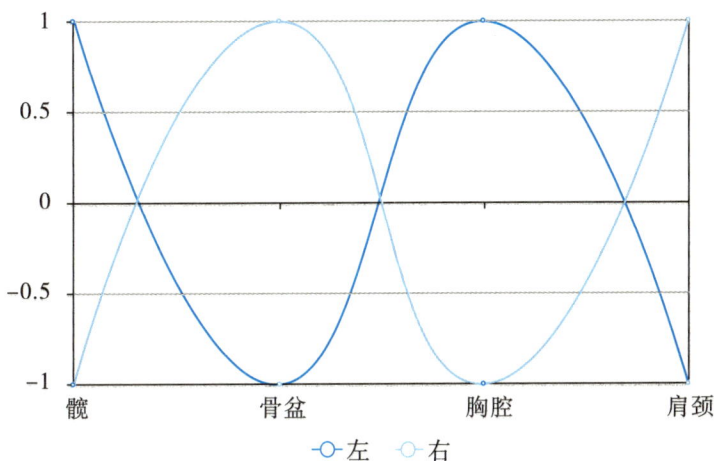

冠状面外展内收波动关系图

1 是顺时针旋转，－1 是逆时针旋转。顺时针和逆时针方向上在同一时间总是对侧肢体的波动；同侧肢体是顺时针和逆时针在不同时间上的波动。通过冠状面可以看出，上下两个 X 完全是反向的。

2. 脚掌和地面接触的状态

关节运动	右侧脚掌	关节运动	左侧脚掌
髋外展	内虚外实	髋内收	内实外虚
骨盆侧倾低侧	内实外虚	骨盆侧倾高侧	内虚外实
脊柱侧弯高侧	内虚外实	脊柱侧弯低侧	内实外虚
颈椎侧弯低侧和肩内收	内实外虚	颈椎侧弯高侧和肩外展	内虚外实

（1）整体力的平衡关系。

①整体的左右侧 X 相互拮抗，合力为零，保持平衡。

②右侧下 X 和左侧上 X 相互拮抗，合力为零，保持平衡。

③左侧下 X 和右侧上 X 相互拮抗，合力为零，保持平衡。

（2）局部力的平衡关系。

①髋外展—骨盆侧倾低侧相互拮抗，合力为零，保持平衡。

②髋内收—骨盆侧倾高侧相互拮抗，合力为零，保持平衡。

③脊柱侧弯高侧—颈椎侧弯低侧和肩内收相互拮抗，合力为零，保持平衡。

④脊柱侧弯低侧—颈椎侧弯高侧和肩外展相互拮抗，合力为零，保持平衡。

⑤髋外展—髋内收相互拮抗，合力为零，保持平衡。

⑥骨盆侧倾低侧—骨盆侧倾高侧相互拮抗，合力为零，保持平衡。

⑦脊柱侧弯低侧—脊柱侧弯高侧相互拮抗，合力为零，保持平衡。

⑧颈椎侧弯低侧和肩内收—颈椎侧弯高侧和肩外展相互拮抗，合力为零，保持平衡。

5 水平面力态

5.1 水平面同侧运动模式

1. 以右髋外旋为参考的同侧运动

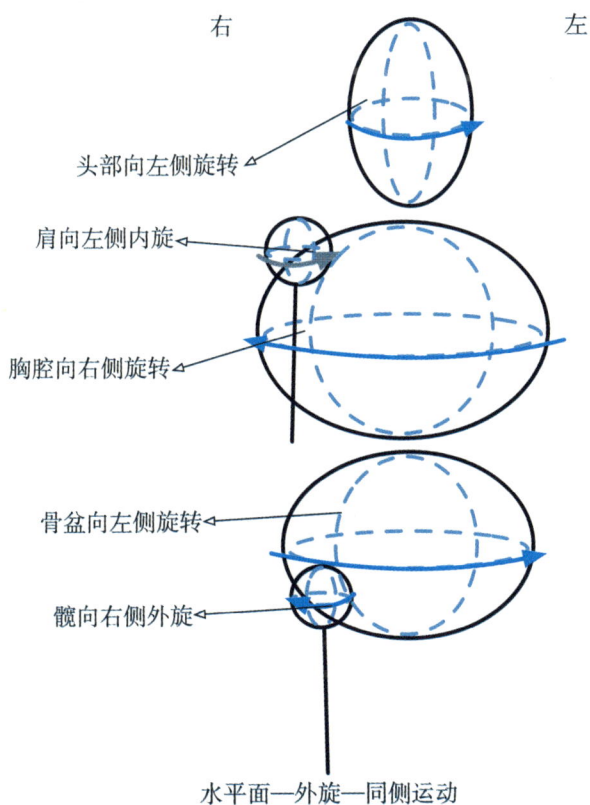

右　　　　　　　　左

头部向左侧旋转

肩向左侧内旋

胸腔向右侧旋转

骨盆向左侧旋转

髋向右侧外旋

水平面—外旋—同侧运动

①右髋在水平面顺时针旋转，右侧髋外旋。

②骨盆逆时针旋转，与髋关节保持相对的平衡，骨盆旋转（从右向左旋转）。

③胸腔顺时针旋转，与骨盆保持相对的平衡，胸腔扭转（从左向右旋转）。

④右肩关节逆时针旋转，与胸腔保持相对的平衡，右侧肩内旋。

⑤上下肢同侧髋外旋和肩内旋运动相反。

⑥颅腔逆时针旋转，与胸腔保持相对的平衡，颅腔扭转（从右向左旋转）。

2. 以右髋内旋为参考的同侧运动

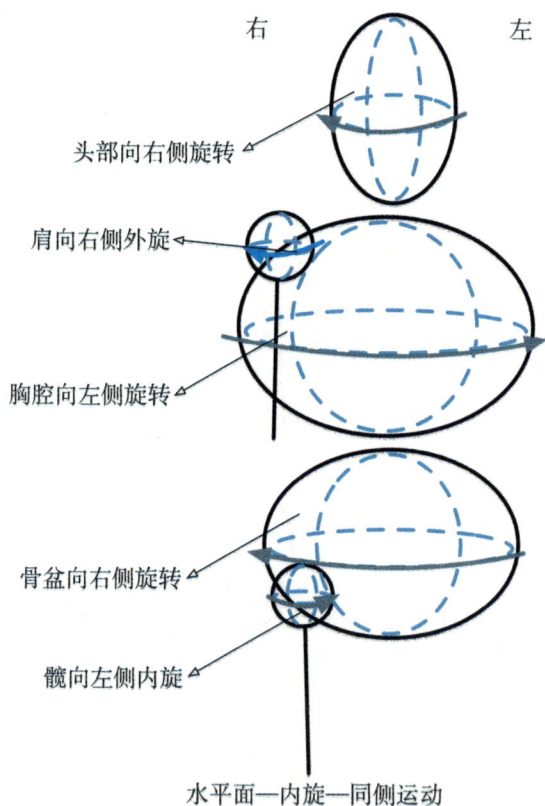

右　　　　左

头部向右侧旋转

肩向右侧外旋

胸腔向左侧旋转

骨盆向右侧旋转

髋向左侧内旋

水平面—内旋—同侧运动

①右髋在水平面逆时针旋转，右侧髋内旋。

②骨盆顺时针旋转，与髋关节保持相对的平衡，骨盆旋转（从左向右旋转）。

③胸腔逆时针旋转，与骨盆保持相对的平衡，胸腔扭转（从右向左旋转）。

④右肩关节顺时针旋转，与胸腔保持相对的平衡，右侧肩外旋。

⑤上下肢同侧髋内旋和肩外旋运动相反。

⑥颅腔与胸腔保持相对的平衡，顺时针旋转，颅腔扭转（从左向右旋转）。

3. 同侧运动关系——上下肢相反

右髋外旋	左髋外旋
骨盆旋转（右侧在前）	骨盆旋转（左侧在前）
胸腔扭转（右侧在后）	胸腔扭转（左侧在后）
颅腔扭转（右侧在前）	颅腔扭转（左侧在前）
右肩内旋	左肩内旋
右髋内旋	左髋内旋
骨盆旋转（右侧在后）	骨盆旋转（左侧在后）
胸腔扭转（右侧在前）	胸腔扭转（左侧在前）
颅腔扭转（右侧在后）	颅腔扭转（左侧在后）
右肩外旋	左肩外旋

5.2　水平面对侧运动模式

1. 以右髋外旋为参考的对侧运动

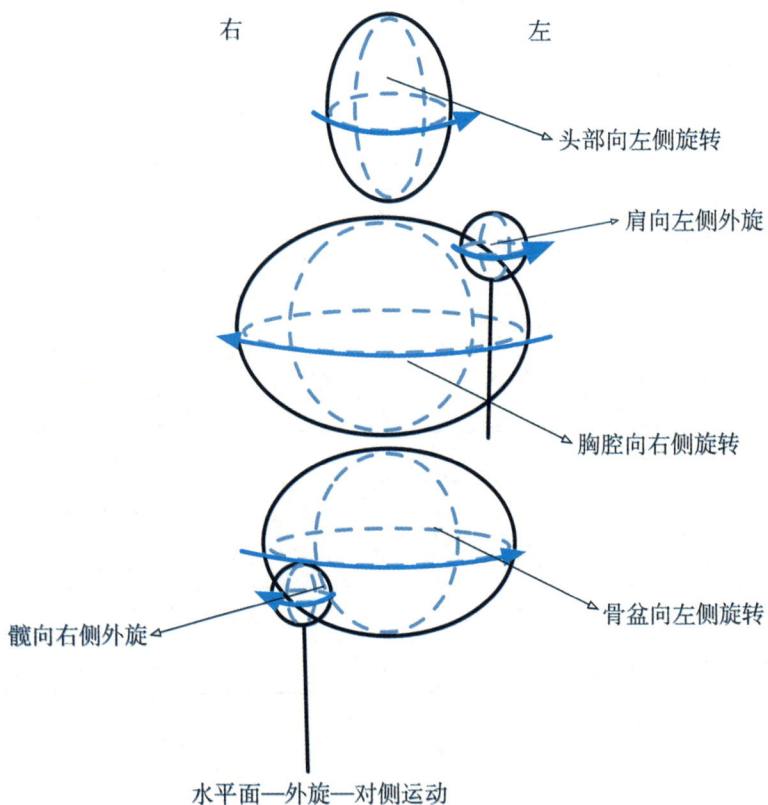

右　　　　　　　　左

头部向左侧旋转

肩向左侧外旋

胸腔向右侧旋转

骨盆向左侧旋转

髋向右侧外旋

水平面—外旋—对侧运动

①右髋在水平面顺时针旋转，右侧髋外旋。

②骨盆逆时针旋转，与髋关节保持相对的平衡，骨盆旋转（从右向左旋转）。

③胸腔顺时针旋转，与骨盆保持相对的平衡，胸腔扭转（从左向右旋转）。

④左肩关节顺时针旋转，与胸腔保持相对的平衡，左侧肩外旋。

⑤上下肢对侧髋外旋和肩外旋运动相同。

⑥颅腔逆时针旋转，与胸腔保持相对的平衡，颅腔扭转（从右向左旋转）。

2. 以右髋内旋为参考的对侧运动

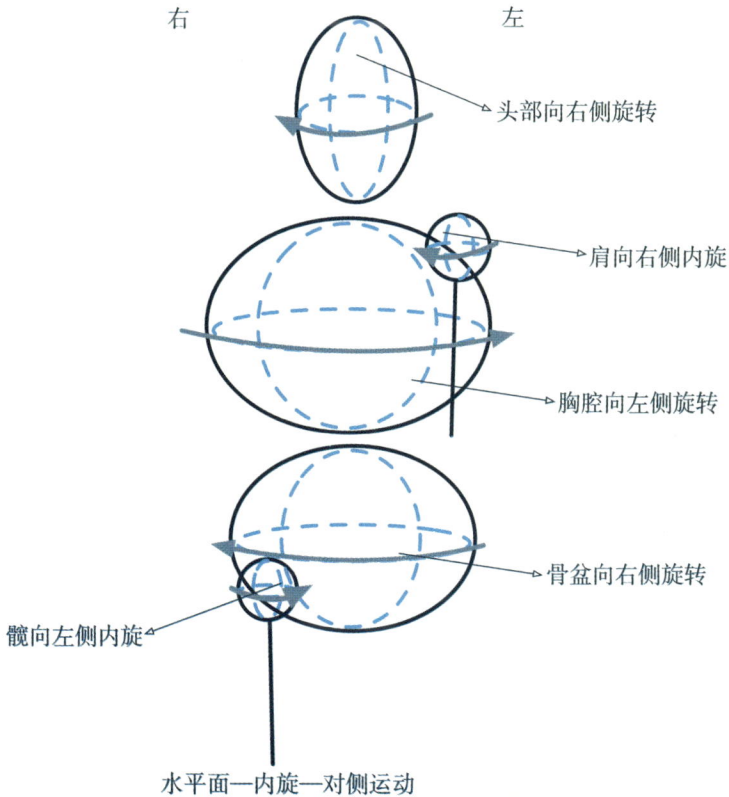

右　　　　　　　左

头部向右侧旋转

肩向右侧内旋

胸腔向左侧旋转

骨盆向右侧旋转

髋向左侧内旋

水平面—内旋—对侧运动

①右髋在水平面逆时针旋转，右侧髋内旋。

②骨盆顺时针旋转，与髋关节保持相对的平衡，骨盆旋转（从左向右旋转）。

③胸腔逆时针旋转，与骨盆保持相对的平衡，胸腔扭转（从右向左旋转）。

④左肩关节逆时针旋转，与胸腔保持相对的平衡，左侧肩内旋。

⑤上下肢对侧髋内旋和肩内旋运动相同。

⑥颅腔顺时针旋转，与胸腔保持相对的平衡，颅腔扭转（从左向右旋转）。

3. 对侧运动关系——上下肢相同

右髋外旋	左髋外旋
骨盆旋转（右侧在前）	骨盆旋转（左侧在前）
胸腔扭转（右侧在后）	胸腔扭转（左侧在后）
颅腔扭转（右侧在前）	颅腔扭转（左侧在前）
左肩外旋	右肩外旋
右髋内旋	左髋内旋
骨盆旋转（右侧在后）	骨盆旋转（左侧在后）
胸腔扭转（右侧在前）	胸腔扭转（左侧在前）
颅腔扭转（右侧在后）	颅腔扭转（左侧在后）
左肩内旋	右肩内旋

5.3 水平面压力和张力

1. 以右髋外旋为参考的压力和张力

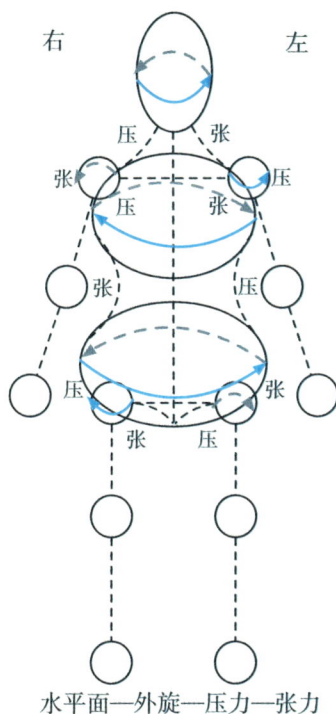

水平面—外旋—压力—张力

（1）压力线对侧关系。

两个箭头汇聚产生压力，六个压力区域保持相对的平衡关系。总压力不变的情况下，某一区域压力过大，其他区域压力就会过小。

①左髋内侧汇聚产生压力。

②右髋外侧汇聚产生压力。

③左腰汇聚产生压力。

④右肩内侧汇聚产生压力。

⑤左肩外侧汇聚产生压力。

⑥右颈汇聚产生压力。

（2）张力线对侧关系。

两个箭头分离产生张力，六个张力区域保持相对的平衡关系。总张力不变的情况下，某一区域张力过大，其他区域张力就会过小。

①右髋内侧分离产生张力。

②左髋外侧分离产生张力。

③右腰分离产生张力。

④左肩内侧分离产生张力。

⑤右肩外侧分离产生张力。

⑥左颈分离产生张力。

（3）张压力同侧关系。

右	右髋内张力	右髋外压力	右腰张力	右肩内压力	右肩外张力	右颈压力
左	左髋内压力	左髋外张力	左腰压力	左肩内张力	左肩外压力	左颈张力

（4）张压力的波动关系。

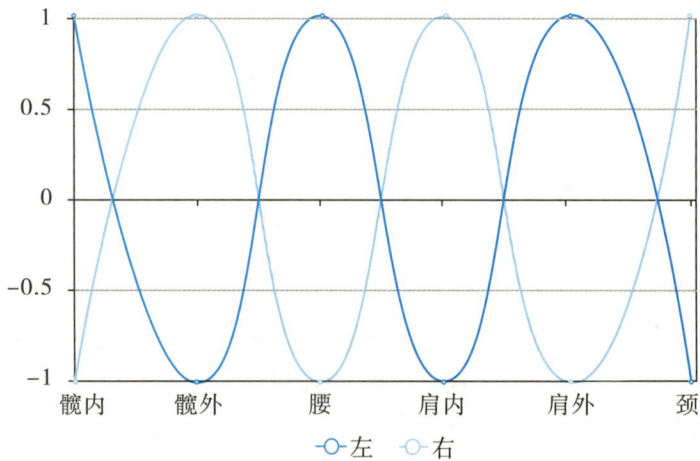

水平面张压力波动关系图

1 表示压力，－1 表示张力。压力线和张力线上同一时间总是对侧肢体的波动；同侧肢体在不同时间形成压力和张力的波动。左右侧六个张压力区域在波动中保持平衡。当某一区域的一对平衡关系被破坏，其他区域都会受到影响。

2. 以右髋内旋为参考的压力和张力

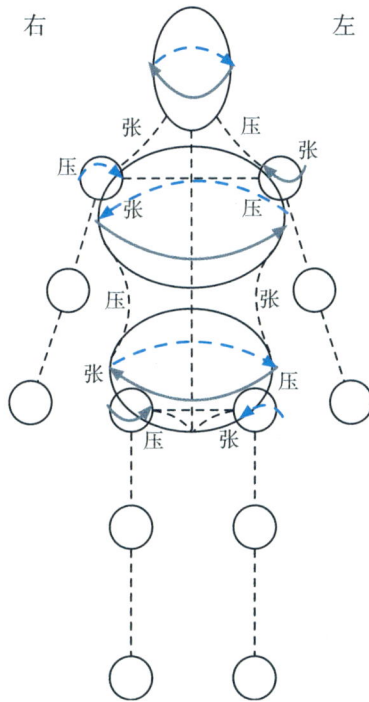

水平面—内旋—压力—张力

（1）压力线对侧关系。

两个箭头汇聚产生压力，六个压力区域保持相对的平衡关系。总压力不变的情况下，某一区域压力过大，其他区域压力就会过小。

①左髋外侧汇聚产生压力。

②右髋内侧汇聚产生压力。

③右腰汇聚产生压力。

④左肩内侧汇聚产生压力。

⑤右肩外侧汇聚产生压力。

⑥左颈汇聚产生压力。

（2）张力线对侧关系。

两个箭头分离产生张力，六个张力区域保持相对的平衡关系。总张力不变的情况下，某一区域张力过大，其他区域张力就会过小。

①右髋外侧分离产生张力。

②左髋内侧分离产生张力。

③左腰分离产生张力。

④右肩内侧分离产生张力。

⑤左肩外侧分离产生张力。

⑥右颈分离产生张力。

（3）张压力同侧关系。

右	右髋内压力	右髋外张力	右腰压力	右肩内张力	右肩外压力	右颈张力
左	左髋内张力	左髋外压力	左腰张力	左肩内压力	左肩外张力	左颈压力

（4）张压力的波动关系。

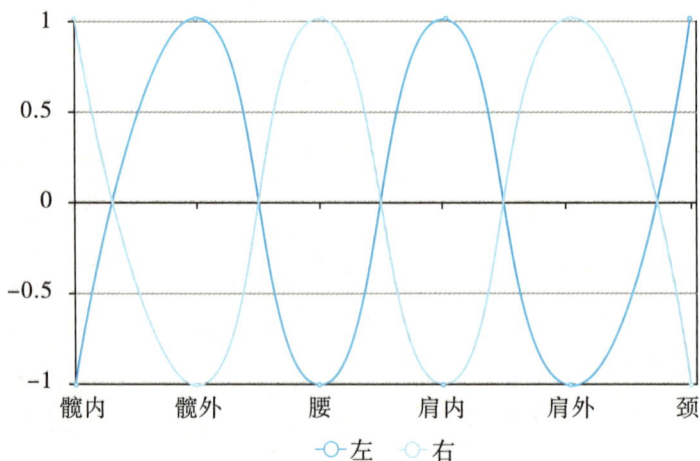

水平面张压力波动关系图

1 表示压力，－1 表示张力。压力线和张力线上同一时间总是对侧肢体的波动；同侧肢体在不同时间形成压力和张力的波动。左右侧六个张压力区域在波动中保持平衡。当某一区域的一对平衡关系被破坏，其他区域都会受到影响。

5.4　水平面上下肢运动和张压力

1. 同侧模式

（1）右髋外旋和右肩内旋。

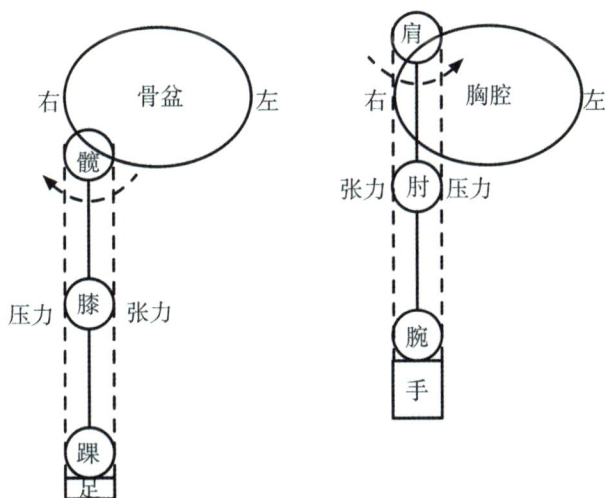

髋外旋和肩内旋同侧图

①右髋外旋顺时针旋转，膝内翻（股骨和胫骨外旋），足部相对于踝关节会轻微内旋。整个外侧承受压力，内侧承受张力。

②右肩内旋逆时针旋转，前臂旋前。整个外侧承受张力，内侧承受压力。

（2）右髋内旋和右肩外旋。

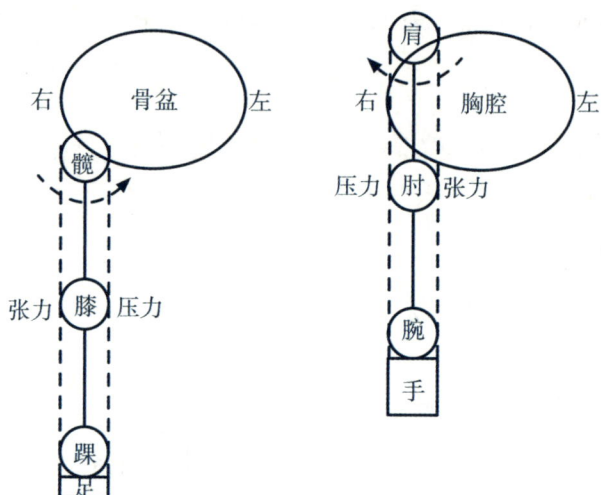

髋内旋和肩外旋同侧图

①右髋内旋逆时针旋转，膝外翻（股骨和胫骨内旋），足部相对于踝关节会轻微外旋。整个外侧承受张力，内侧承受压力。

②右肩外旋顺时针旋转，前臂旋后。整个外侧承受压力，内侧承受张力。

（3）上下肢关系。

第一种	右髋外旋	外侧压力	内侧张力
	右肩内旋	外侧张力	内侧压力
第二种	右髋内旋	外侧张力	内侧压力
	右肩外旋	外侧压力	外侧张力

2. 对侧模式

（1）右髋外旋和左肩外旋。

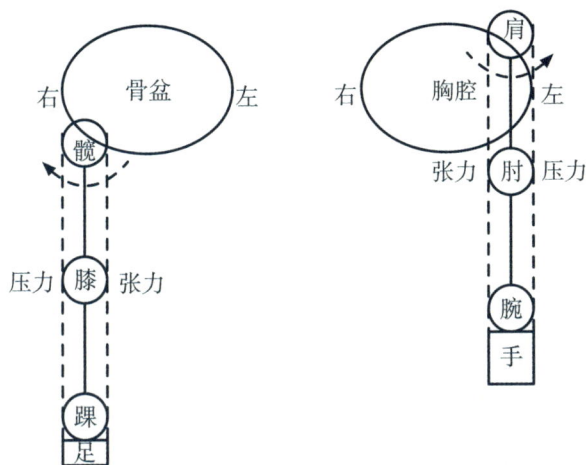

髋外旋和肩外旋对侧图

①右髋外旋顺时针旋转，膝内翻（股骨和胫骨外旋），足部相对于踝关节会轻微内旋。整个外侧承受压力，内侧承受张力。

②左肩外旋逆时针旋转，前臂旋后。整个外侧承受压力，内侧承受张力。

（2）右髋内旋和左肩内旋。

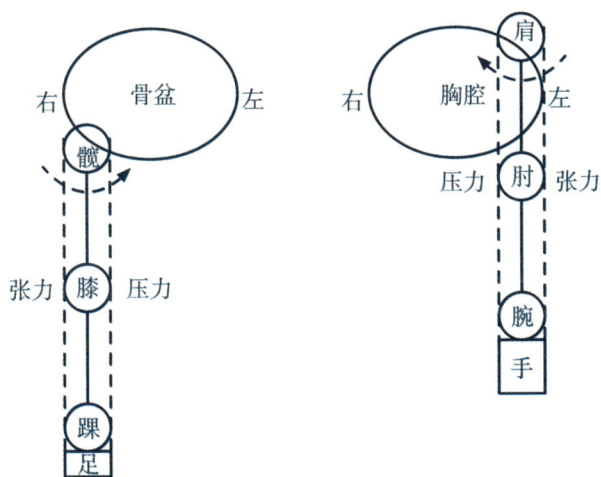

髋内旋和肩内旋对侧图

①右髋内旋逆时针旋转，膝外翻（股骨和胫骨内旋），足部相对于踝关节会轻微外旋。整个外侧承受张力，内侧承受压力。

②左肩内旋顺时针旋转，前臂旋前。整个外侧承受张力，内侧承受压力。

（3）上下肢关系。

第一种	右髋外旋	外侧压力	内侧张力
	左肩外旋	外侧压力	内侧张力
第二种	右髋内旋	外侧张力	内侧压力
	左肩内旋	外侧张力	内侧压力

5.5　水平面力态关系

1. 上下肢和中轴旋转关系

以髋外旋为例	左右下肢—顺时针旋转	骨盆—逆时针旋转
	左右上肢和颅腔—逆时针旋转	胸腔—顺时针旋转
以髋内旋为例	左右下肢—逆时针旋转	骨盆—顺时针旋转
	左右上肢和颅腔—顺时针旋转	胸腔—逆时针旋转

2. 运动关系

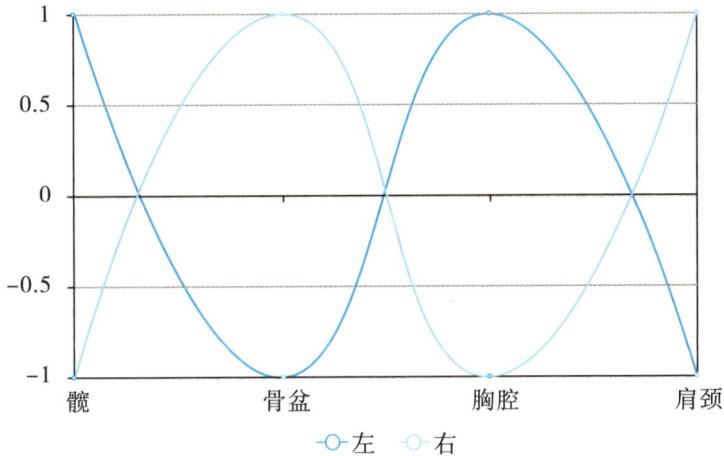

水平面外旋内旋波动关系图

　　1 是顺时针旋转，−1 是逆时针旋转。顺时针和逆时针方向上在同一时间总是对侧肢体的波动；同侧肢体是顺时针和逆时针在不同时间上的波动。通过水平面可以看出，上下两个 X 完全是反向的。

3. 脚掌和地面接触的状态

关节运动	右侧脚掌	关节运动	左侧脚掌
髋外旋	内虚外实	髋内旋	内实外虚
骨盆向前旋转	内实外虚	骨盆向后旋转	内虚外实
脊柱向后旋转	内虚外实	脊柱向前旋转	内实外虚
颈椎向前旋转和肩内旋	内实外虚	颈椎向后旋转和肩外旋	内虚外实

　　（1）整体力的平衡关系。
　　①整体的左右侧 X 相互拮抗，合力为零，保持平衡。

②右侧下 X 和左侧上 X 相互拮抗，合力为零，保持平衡。

③左侧下 X 和右侧上 X 相互拮抗，合力为零，保持平衡。

（2）局部力的平衡关系。

①髋外旋—骨盆向前旋转相互拮抗，合力为零，保持平衡。

②髋内旋—骨盆向后旋转相互拮抗，合力为零，保持平衡。

③脊柱向后旋转—颈椎向前旋转和肩内旋相互拮抗，合力为零，保持平衡。

④脊柱向前旋转—颈椎向后旋转和肩外旋相互拮抗，合力为零，保持平衡。

⑤髋外旋—髋内旋相互拮抗，合力为零，保持平衡。

⑥骨盆向前旋转—骨盆向后旋转相互拮抗，合力为零，保持平衡。

⑦脊柱向后旋转—脊柱向前旋转相互拮抗，合力为零，保持平衡。

⑧颈椎向前旋转和肩内旋—颈椎向后旋转和肩外旋相互拮抗，合力为零，保持平衡。

6 矢状面力态

6.1 矢状面同侧运动模式

1. 以右髋屈曲为参考的同侧运动

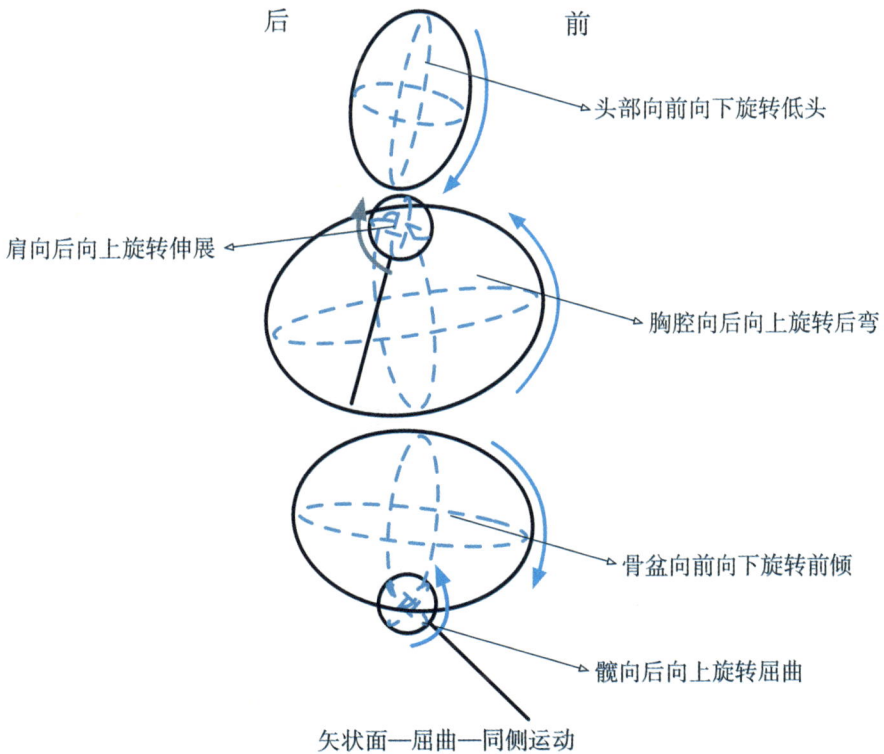

后　　　　　前

头部向前向下旋转低头

肩向后向上旋转伸展

胸腔向后向上旋转后弯

骨盆向前向下旋转前倾

髋向后向上旋转屈曲

矢状面—屈曲—同侧运动

①右髋逆时针旋转，右侧髋屈曲。

②骨盆顺时针旋转，与髋关节保持相对的平衡，骨盆右侧相对前倾。

③胸腔逆时针旋转，与骨盆保持相对的平衡，胸腔右侧相对后弯。

④右肩关节顺时针旋转，与胸腔保持相对的平衡，右侧肩伸展。

⑤上下肢同侧髋屈曲和肩伸展运动相反。

⑥颅腔顺时针旋转，与胸腔保持相对的平衡，颅腔右侧相对屈曲。

2. 以右髋伸展为参考的同侧运动

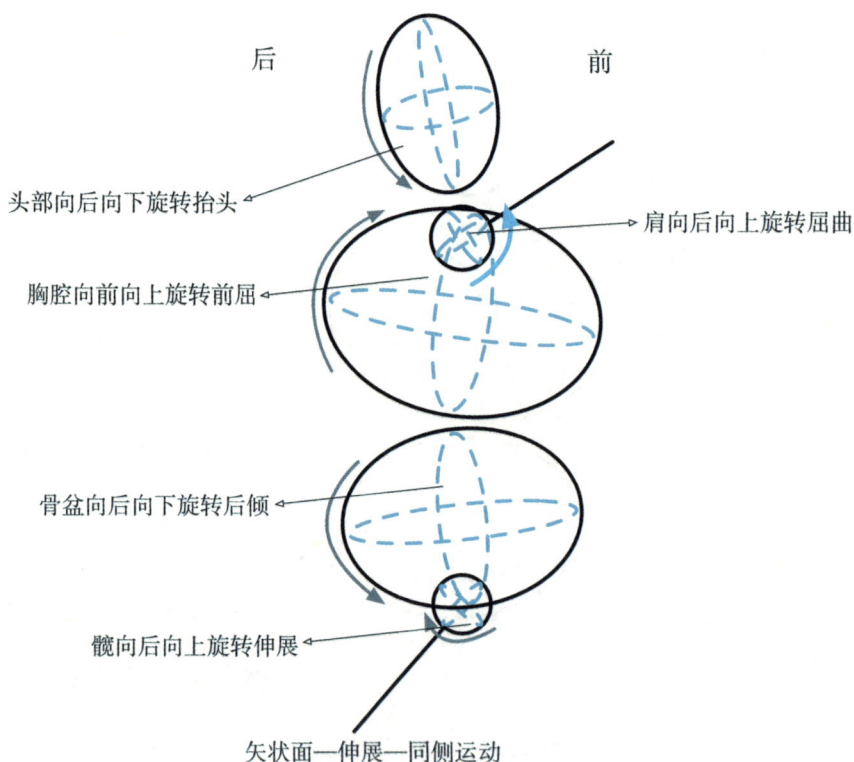

后　　　　　　　　　　前

头部向后向下旋转抬头

肩向后向上旋转屈曲

胸腔向前向上旋转前屈

骨盆向后向下旋转后倾

髋向后向上旋转伸展

矢状面—伸展—同侧运动

①右髋顺时针旋转，右侧髋伸展。

②骨盆逆时针旋转，与髋关节保持相对的平衡，骨盆右侧相对后倾。

③胸腔顺时针旋转，与骨盆保持相对的平衡，胸腔右侧相对前屈。

④右肩关节逆时针旋转，与胸腔保持相对的平衡，右侧肩屈曲。

⑤上下肢同侧髋伸展和肩屈曲运动相反。

⑥颅腔逆时针旋转，与胸腔保持相对的平衡，颅腔右侧相对后弯。

3. 同侧运动关系——上下肢相反

右髋屈曲	左髋屈曲
骨盆前倾（右侧）	骨盆前倾（左侧）
胸腔后弯（右侧）	胸腔后弯（左侧）
颅腔屈曲（右侧）	颅腔屈曲（左侧）
右肩伸展	左肩伸展
右髋伸展	左髋伸展
骨盆后倾（右侧）	骨盆后倾（左侧）
胸腔屈曲（右侧）	胸腔屈曲（左侧）
颅腔后弯（右侧）	颅腔后弯（左侧）
右肩屈曲	左肩屈曲

6.2 矢状面对侧运动模式

1. 以右髋屈曲为参考的对侧运动

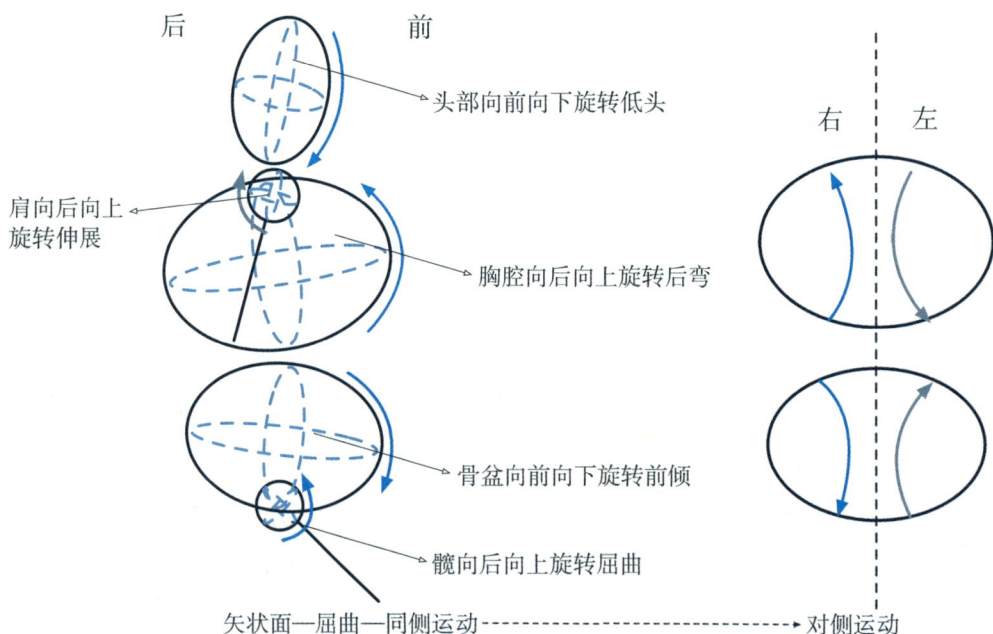

后　　　　前

头部向前向下旋转低头

肩向后向上
旋转伸展

胸腔向后向上旋转后弯

骨盆向前向下旋转前倾

髋向后向上旋转屈曲

矢状面—屈曲—同侧运动--------→对侧运动

右　左

①骨盆左侧反向旋转与骨盆右侧保持相对平衡，骨盆左侧相对后倾。
②胸腔左侧反向旋转与胸腔右侧保持相对平衡，胸腔左侧相对屈曲。
③左肩关节反向旋转与右肩关节保持相对平衡，左侧肩屈曲。
④上下肢对侧髋屈曲和肩屈曲运动相同。
⑤颅腔左侧反向旋转与颅腔右侧相对平衡，颅腔左侧相对后弯。

2. 以右髋伸展为参考的对侧运动

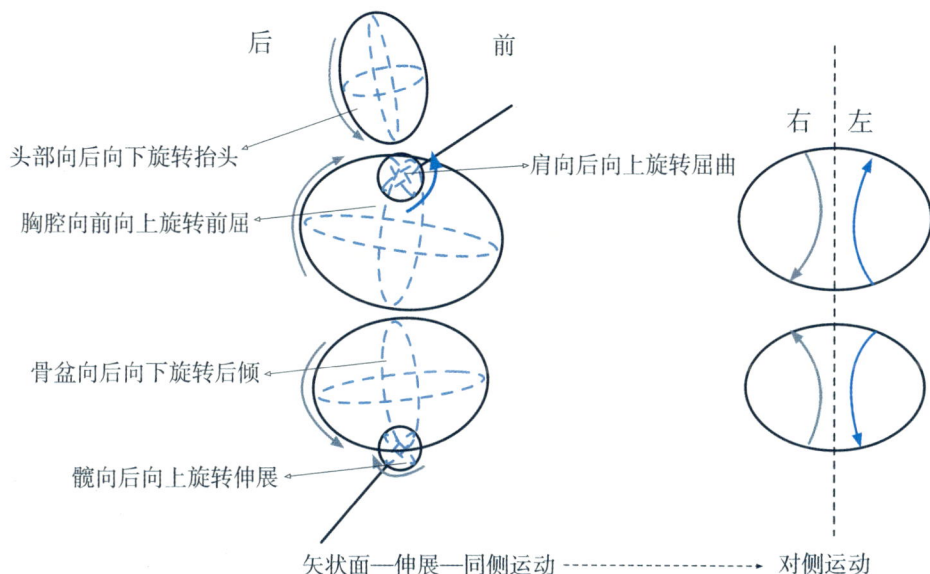

头部向后向下旋转抬头

肩向后向上旋转屈曲

胸腔向前向上旋转前屈

骨盆向后向下旋转后倾

髋向后向上旋转伸展

后　前

右　左

矢状面—伸展—同侧运动 ---------► 对侧运动

①骨盆左侧反向旋转与骨盆右侧保持相对平衡，骨盆左侧相对前倾。

②胸腔左侧反向旋转与胸腔右侧保持相对平衡，胸腔左侧相对后弯。

③左肩关节反向旋转与右肩关节保持相对平衡，左侧肩伸展。

④上下肢对侧髋伸展和肩伸展运动相同。

⑤颅腔左侧反向旋转与颅腔右侧相对平衡，颅腔左侧相对屈曲。

3. 对侧运动关系——上下肢相同

右髋屈曲	左髋屈曲
骨盆前倾（右侧）	骨盆屈曲（左侧）
胸腔后弯（右侧）	胸腔后弯（左侧）
颅腔屈曲（右侧）	颅腔屈曲（左侧）
左肩屈曲	右肩屈曲

右髋伸展	左髋伸展
骨盆后倾（右侧）	骨盆后倾（左侧）
胸腔屈曲（右侧）	胸腔屈曲（左侧）
颅腔后弯（右侧）	颅腔后弯（左侧）
左肩伸展	右肩伸展

6.3 矢状面压力和张力

1. 以右髋屈曲为参考的压力和张力

（1）压力线对侧关系。

两个箭头汇聚产生压力，六个压力区域保持相对的平衡关系。总压力不变的情况下，某一区域压力过大，其他区域压力就会过小。

①右髋前侧汇聚产生压力。

②左髋后侧汇聚产生压力。

③左腹汇聚产生压力。

④右腰汇聚产生压力。

⑤右肩颈前侧汇聚产生压力。

⑥左肩颈后侧汇聚产生压力。

（2）张力线对侧关系。

两个箭头分离产生张力，六个张力区域保持相对的平衡关系。总张力不变的情况下，某一区域张力过大，其他区域张力就会过小。

①右髋后侧分离产生张力。

②左髋前侧分离产生张力。

③右腹分离产生张力。

④左腰分离产生张力。

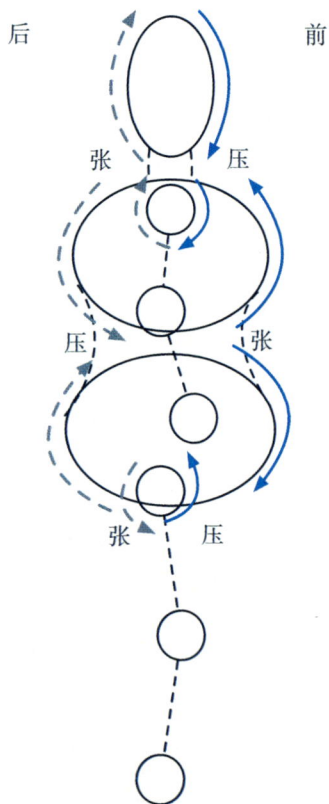

矢状面—屈曲—压力—张力

⑤右肩颈后侧分离产生张力。

⑥左肩颈前侧分离产生张力。

（3）张压力关系。

右	右髋前压力	右髋后张力	右腰压力	右腹张力	右肩颈前压力	右肩颈后张力
左	左髋前张力	左髋后压力	左腰张力	左腹压力	左肩颈前张力	左肩颈后压力

（4）张压力的波动关系。

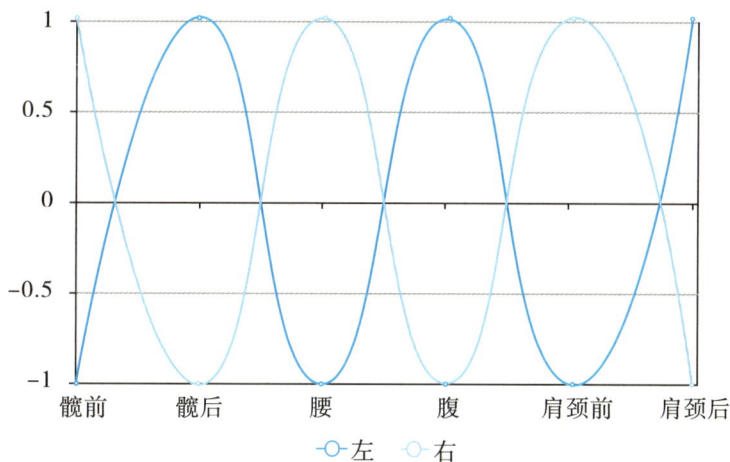

矢状面张压力波动关系图

1 表示压力，-1 表示张力。压力线和张力线上同一时间总是左右肢体的波动；同侧肢体在不同时间形成压力和张力的波动。左右侧六个张压力区域在波动中保持平衡。当某一区域的一对平衡关系被破坏，其他区域都会受到影响。

2. 以右髋伸展为参考的压力和张力

（1）压力线对侧关系。

两个箭头汇聚产生压力，六个压力区域保持相对的平衡关系。总压力不变的情况下，某一区域压力过大，其他区域压力就会过小。

①右髋后侧汇聚产生压力。

②左髋前侧汇聚产生压力。

③左腰汇聚产生压力。

④右腹汇聚产生压力。

⑤右肩颈后侧汇聚产生压力。

⑥左肩颈前侧汇聚产生压力。

（2）张力线对侧关系。

两个箭头分离产生张力，六个张力区域保持相对的平衡关系。总张力不变的情况下，某一区域张力过大，其他区域张力就会过小。

①右髋前侧分离产生张力。

②左髋后侧分离产生张力。

③右腰分离产生张力。

④左腹分离产生张力。

⑤右肩颈前侧分离产生张力。

⑥左肩颈后侧分离产生张力。

（3）张压力关系。

矢状面—伸展—压力—张力

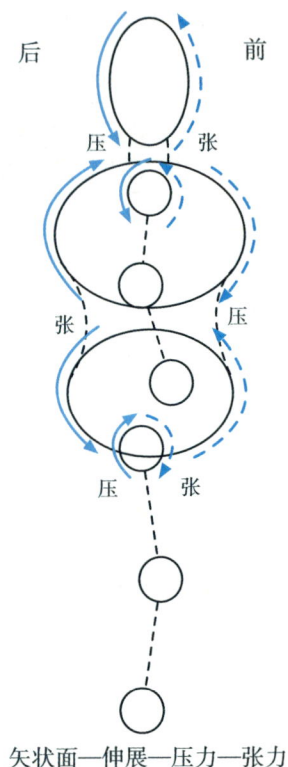

右	右髋前张力	右髋后压力	右腰张力	右腹压力	右肩颈前张力	右肩颈后压力
左	左髋前压力	左髋后张力	左腰压力	左腹张力	左肩颈前压力	左肩颈后张力

（4）张压力的波动关系。

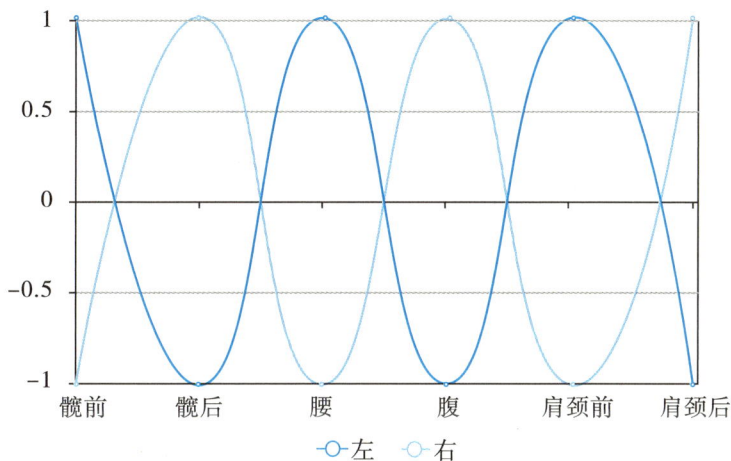

矢状面张压力波动关系图

1 表示压力，−1 表示张力。压力线和张力线上同一时间总是左右肢体的波动；同侧肢体在不同时间形成压力和张力的波动。左右侧六个张压力区域在波动中保持平衡。当某一区域的一对平衡关系被破坏，其他区域都会受到影响。

6.4　矢状面上下肢运动和张压力

1. 同侧模式

（1）右髋屈曲和右肩伸展。

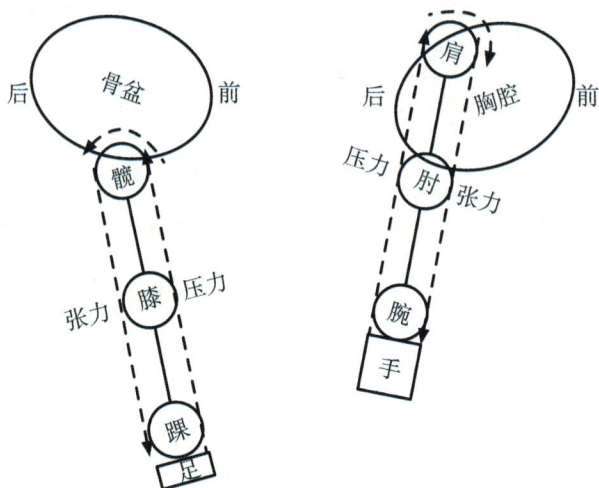

髋屈曲和肩伸展同侧图

①右髋屈曲逆时针旋转，膝微微屈曲（重力影响），足部背屈逆时针旋转。整个前侧承受压力，后侧承受张力。

②右肩伸展顺时针旋转，肘微微屈曲（重力影响），腕关节微屈顺时针旋转。整个前侧承受张力，后侧承受压力。

（2）右髋伸展和右肩屈曲。

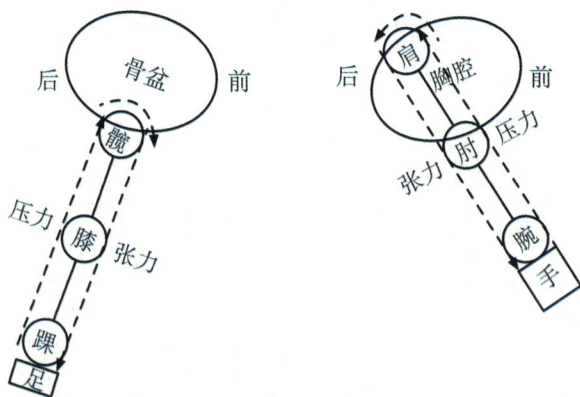

髋伸展和肩屈曲同侧图

①右髋伸展顺时针旋转，膝微微屈曲（重力影响），足部跖屈顺时针旋转。整个前侧承受张力，后侧承受压力。

②右肩屈曲逆时针旋转，肘微微屈曲（重力影响），腕关节微伸逆时针旋转。整个前侧承受压力，后侧承受张力。

（3）上下肢关系。

第一种	右髋屈曲	前侧压力	后侧张力
	左肩屈曲	前侧张力	后侧压力
第二种	右髋伸展	前侧张力	后侧压力
	左肩伸展	前侧压力	后侧张力

2. 对侧模式

（1）右髋屈曲和左肩屈曲。

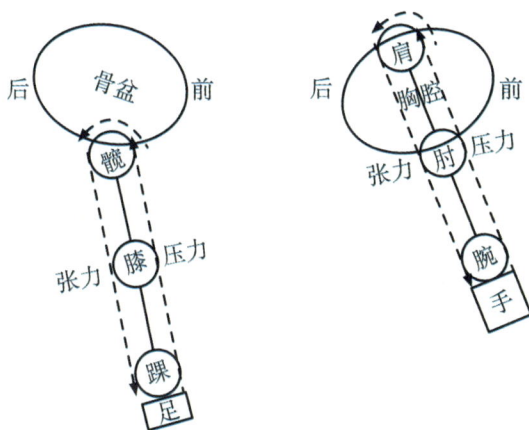

髋屈曲和肩屈曲对侧图

①右髋屈曲逆时针旋转，膝微微屈曲（重力影响），足部背屈逆时针旋转。整个前侧承受压力，后侧承受张力。

②左肩屈曲逆时针旋转，肘微微屈曲（重力影响），腕关节微伸逆时针旋

转。整个前侧承受压力，后侧承受张力。

（2）右髋伸展和左肩伸展。

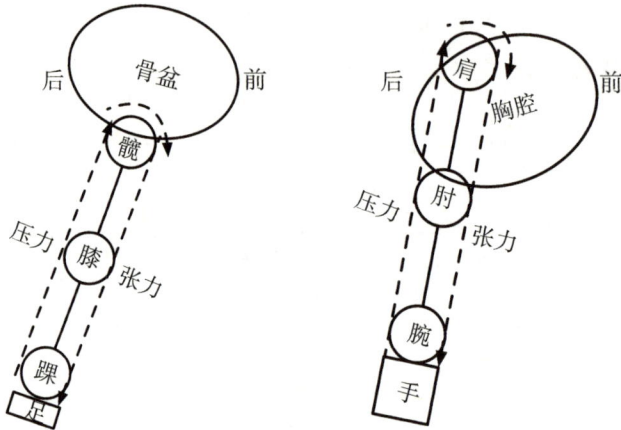

髋伸展和肩伸展对侧图

①右髋伸展顺时针旋转，膝微微屈曲（重力影响），足部跖屈顺时针旋转。整个前侧承受张力，后侧承受压力。

②左肩伸展顺时针旋转，肘微微屈曲（重力影响），腕关节微屈顺时针旋转。整个前侧承受张力，后侧承受压力。

（3）上下肢关系。

第一种	右髋屈曲	前侧压力	后侧张力
	左肩屈曲	前侧压力	后侧张力
第二种	右髋伸展	前侧张力	后侧压力
	左肩伸展	前侧张力	后侧压力

6.5　矢状面力态关系

1. 上下肢和中轴旋转关系

以髋屈曲为例	左右下肢——逆时针旋转	骨盆——顺时针旋转
	左右上肢和颅腔——顺时针旋转	胸腔——逆时针旋转
以髋伸展为例	左右下肢——顺时针旋转	骨盆——逆时针旋转
	左右上肢和颅腔——逆时针旋转	胸腔——顺时针旋转

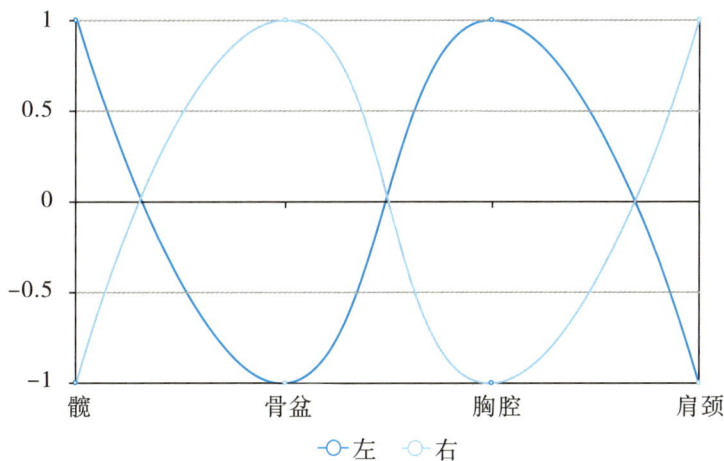

矢状面屈曲伸展波动关系图

　　1 是顺时针旋转，−1 是逆时针旋转。顺时针和逆时针方向上在同一时间总是对侧肢体的波动；同侧肢体是顺时针和逆时针在不同时间上的波动。通过矢状面可以看出，上下两个 X 完全是反向的。

2. 脚掌和地面接触的状态

关节运动	右侧脚掌	关节运动	左侧脚掌
髋屈曲	前虚后实	髋伸展	前实后虚
骨盆前倾	前实后虚	骨盆后倾	前虚后实
脊柱后弯	前虚后实	脊柱屈曲	前实后虚
颈椎屈曲和肩伸展	前实后虚	颈椎伸展和肩屈曲	前虚后实

（1）整体力的平衡关系。

①整体的左右侧 X 相互拮抗，合力为零，保持平衡。

②右侧下 X 和左侧上 X 相互拮抗，合力为零，保持平衡。

③左侧下 X 和右侧上 X 相互拮抗，合力为零，保持平衡。

（2）局部力的平衡关系。

①髋屈曲—骨盆前倾相互拮抗，合力为零，保持平衡。

②髋伸展—骨盆后倾相互拮抗，合力为零，保持平衡。

③脊柱后弯—颈椎屈曲和肩伸展相互拮抗，合力为零，保持平衡。

④脊柱屈曲—颈椎伸展和肩屈曲相互拮抗，合力为零，保持平衡。

⑤髋屈曲—髋伸展相互拮抗，合力为零，保持平衡。

⑥骨盆前倾—骨盆后倾相互拮抗，合力为零，保持平衡。

⑦脊柱后弯—脊柱屈曲相互拮抗，合力为零，保持平衡。

⑧颈椎屈曲和肩伸展—颈椎伸展和肩屈曲相互拮抗，合力为零，保持平衡。

7 人体的代偿

7.1 代偿机制

1. 输出控制和输入感受的阴阳

（1）募集能力。

大脑发送信号通过脊髓到达周围神经指挥肌肉工作，神经有募集肌纤维的能力。神经元在肌纤维上，每一次的运动，神经都会调动肌肉参与运动。运动单元兴奋的数量和频率决定了肌肉的活性。

（2）本体感受。

皮肤肌肉骨骼关节的动作会反向传导给大脑，大脑感受身体的变化。

（3）共生关系。

如果募集一块或者一组肌肉的能力被削弱，动作会产生变形，变形的动作反馈给大脑的本体感觉是错误的。正确的本体感觉会提高募集这块或这一组肌肉的能力。

（4）抑制关系。

募集一块或一组肌肉能力过强时，募集另一块或另一组肌肉的能力就会变弱，这些肌肉的本体感觉都会错误。长期久坐后，直接开始大强度的训练是风险很高的，因为久坐后身体的本体感觉适应久坐状态，一旦开始大强度运动，本体感觉不匹配，募集肌肉能力混乱，容易产生运动损伤。这就是"不动只是虚，一动就是病"的现代病。

2. 习惯性代偿

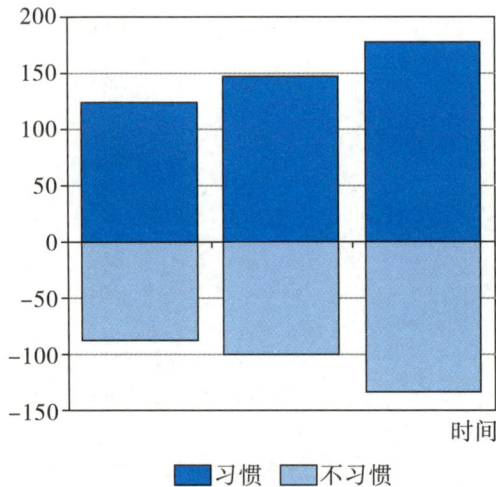

习惯和不习惯的失衡

当目标肌肉的募集能力很差时，代偿功能会使用另一块或另一组肌肉帮助目标肌肉完成动作。久而久之，成为一种习惯性代偿，用进废退，目标肌肉会越来越差，代偿肌肉会越来越强，每一次做这个动作，代偿肌肉都优先启动。代偿肌肉和被代偿肌肉的本体感觉都会出错。

某一个关节因为某种特殊原因而受到限制时，相邻的关节就会产生更多的运动，去补偿受到限制关节的运动缺失。久而久之，成为一种习惯性代偿，用进废

退，目标关节运动能力会越来越差，代偿关节运动能力会越来越强，每一次做这个动作，代偿关节都优先启动。代偿关节和被代偿关节的本体感觉都会出错。

3. 代偿是敌也是友

当右侧膝关节出现了损伤，每次走路都会疼痛时，为了避免疼痛，必然会把身体重心移动到左侧，左腿承受身体的重量。原本每走一步，需要两条腿共同工作，一条腿坏了，另外一条腿就要工作得更多，当这种走路的模式成为习惯的时候，一旦右腿不痛了，左腿便开始慢慢出问题。每次身体一个地方出现问题的时候，身体另外一部分会补偿，并且帮助完成我们要实现的目标，因为代偿我们才能够活着。但是代偿出现时，原本好的地方，因为要做更多工作，慢慢地变坏了，这是无法逃避的现实。

4. 内外共存

（1）某一个内脏发生病变时，因为身体的能量分配是尽可能保障大脑和心脏等重要器官的，当能量分配不正常时，即某一个关节分配到的能量减少导致其功能缺失时，别的关节将产生代偿。

（2）当某一个日常行为让一个关节产生病变时，为了确保日常行为能正常进行，有可能某一个内脏会超负荷工作产生劳损。

7.2　向前走和目视前方

1. 向前走或跑对功能的影响

对比爬行动物和其他哺乳动物，人类更多的是向前走，而不是左右走或者旋转走。向前走或跑是人类得以生存的一个基本要素，是最节省能量的方式。人类是群居动物，在远古时代，当需要捕猎时，人类只需要向前走或跑，不太需要左右走或者旋转走，左右两侧都有其他人照顾，这样可以把节省下来的能量留给大脑。因为大脑是最重要的，如果其他地方消耗的能量太多，大脑的进化就不可能完成。这样的行为又反过来影响我们身体功能的进化。

2. 目视前方对功能的影响

人类的头部相对于爬行动物和其他哺乳动物，是非常重的。为了保持头部的平衡，身体需要非常强大，这个代价就是身体需要更多的能量，这显然是不可能的。所以在捕猎时，人类的眼睛只要看着正前方，其他方位有族群里的其他人照顾，只有这样我们头部才能够避免过多的晃动，从而避免给身体带来过大的负荷。这样的行为又反过来影响我们身体功能的进化。

3. 力的平衡和社会生活

从三个平面的滑轮组和脚掌对地面的压力看，传导的力整体合力为零导致最终的结果就是向前走和目视前方。说明身体功能的进化和社会生存环境的影响是相互的。

4. 正常人和病人的步态

不同年龄的正常人和病人，有各种不同的步态，唯一不变的就是向前走。中风病人腿行动不方便需要人搀扶着向前走；一个老人无法在床上自主翻身时，依然可以蹒跚地向前走，向前走是不变的真理。

（1）能量分配。

身体有疾病的人，在能量分配上和正常人没区别，都是以大脑和心脏为主。只是当疾病来时，能量不能像正常人那样充沛了，分配上必须有所取舍，只能牺牲一些功能但是又不能太过于影响日常生活。这样节省下来的能量可以保证大脑和心脏的运转。

（2）群体社交行为。

在远古时代，如果群体中某一人生病了，他（她）只要能向前走，就没有问题。左右走或者转向只要有支撑物或者其他人辅助就可以完成，所以左右走或者转向是不会太影响生活的，如果没有了向前走的功能，就会成为群体的负担。

（3）矢状面、冠状面和水平面中的代偿。

从运动平面分析，矢状面的运动是前后，冠状面的运动是左右，水平面的运动是旋转。我们的身体在虚弱的时候会在冠状面和水平面出现大量代偿，根据三个平面阴阳平衡的原则，当冠状面和水平面的代偿较多时，矢状面的代偿会相对

减少，以确保向前走这个在群体生活中非常重要的功能，节省下来的能量可以更多地补给大脑、心脏等重要器官。

5. 恶性循环

当身体能量不足时，在步态中牺牲冠状面和水平面的运动平衡，确保矢状面运动，这样节省下来的能量就可以更多地补给重要器官。长期这样会产生习惯性代偿，步态中强的部分越来越强，弱的越来越弱，当不平衡非常强烈时，身体会出现更多过度的压力或者张力，时间长了会导致新疾病。生病了则能量不足，又开始这样的新一轮循环，最后，身体一连串的位置出现过度的压力或者张力，最终不堪重负。

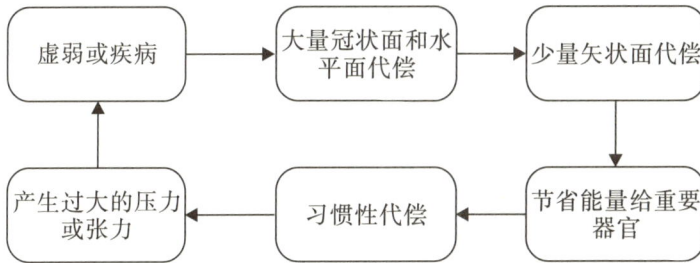

7.3　冠状面和水平面的综合代偿

1. 内收和外展的偏移

有可能是内因（内在器官问题）或者是外因（生活习惯问题）或者是先天问题，在直立行走或者站姿中髋关节会在冠状面发生两种大类性的偏移。下面中间图双腿在髋关节中线处是中立姿势，是相对健康的姿势；左图双腿在中线内是内收较强外展较弱的姿势；右图双腿在中线外是外展较强内收较弱的姿势，左右两种姿势都是容易产生代偿的姿势。

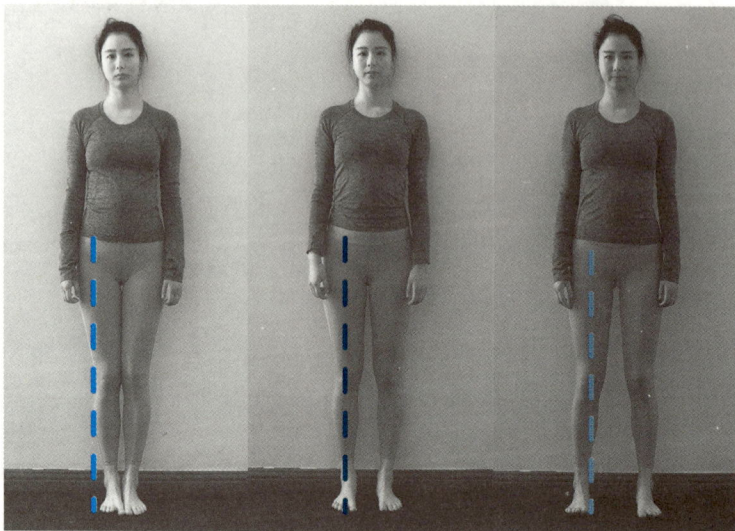

内收和外展的偏移

2. 内收偏移的两种模式

在髋内收偏移模式中，髋关节在水平面发生代偿弥补冠状面缺失的外展功能。

（1）内收内旋模式。

下面左图在髋内收模式基础上髋内旋，这样双脚后跟会向外展开以代偿髋外展功能，脚掌对地面压力在内侧。

（2）内收外旋模式。

下面右图在髋内收模式基础上髋外旋，这样双膝关节会向外展开以代偿髋外展功能，脚掌对地面压力在外侧。

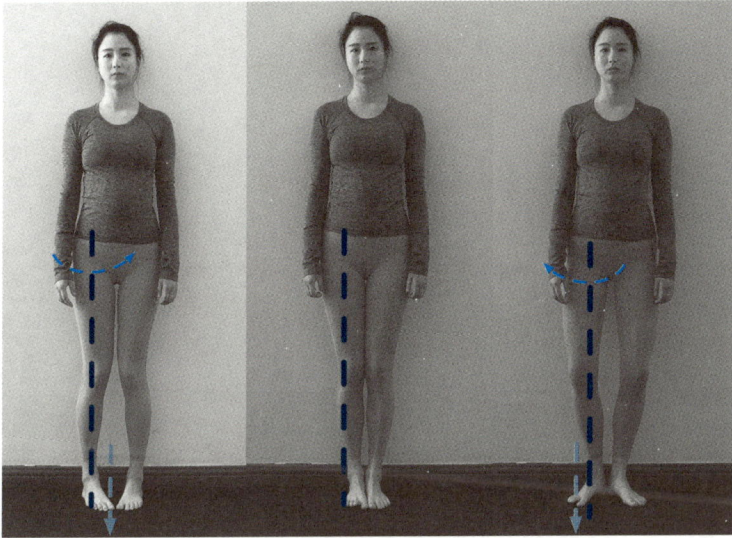

内收偏移的两种模式

3. 外展偏移的两种模式

在髋外展偏移模式中，髋关节在水平面发生代偿弥补冠状面缺失的内收功能。

（1）外展内旋模式。

下面左图在髋外展模式基础上髋内旋，这样双膝关节会向中间靠近以代偿髋内收功能，脚掌对地面压力在内侧。

（2）外展外旋模式。

下面右图在髋外展模式基础上髋外旋，这样双脚后跟会向中间靠近以代偿髋内收功能，脚掌对地面压力在外侧。

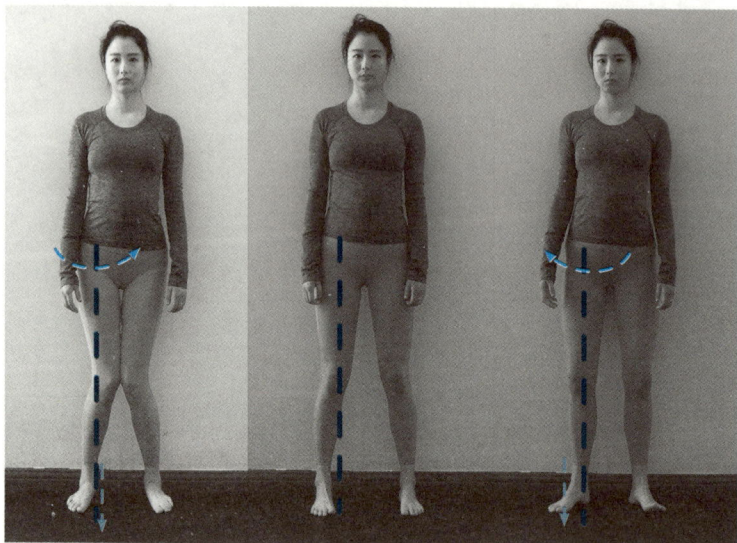

外展偏移的两种模式

7.4 矢状面代偿

当一个面的运动开始代偿时，其他两个面也会开始代偿，即冠状面和水平面发生代偿时，矢状面也会发生相应的代偿。

（1）骨盆前倾。髋外展肌会产生骨盆前倾的运动功能，因为髋屈曲是骨盆前倾的远端运动，所以下面左图在外展两种代偿模式下会产生髋屈曲的代偿，脚掌对地面压力在前侧。从矢状面的 X 运动可以看出，骨盆前倾时，胸腔后弯，颅腔屈曲。时间长了，脊柱的生理曲度会明显增大。把脊柱想象成是一根弹簧，生理曲度过大时，弹簧被过度挤压，整体产生过大的压力，张力不足。

（2）骨盆后倾。髋内收肌会产生骨盆后倾的运动功能，因为髋伸展是骨盆后倾的远端运动，所以下面右图在内收两种代偿模式下会产生髋伸展的代偿，脚掌对地面压力在后侧。从矢状面的 X 运动可以看出，骨盆后倾时，胸腔屈曲，颅腔后弯。时间长了，脊柱的生理曲度会明显减小。把脊柱想象成是一根弹簧，生理曲度过小时，弹簧被过度拉长，整体产生过大的张力，压力不足。

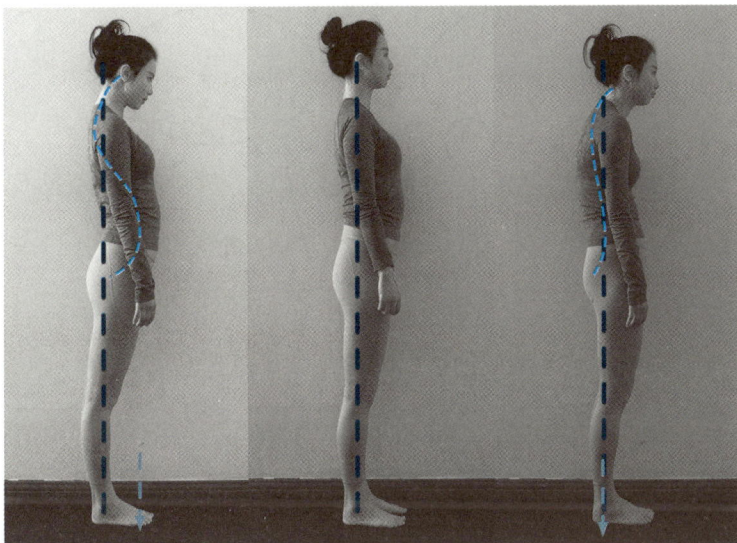

诱发的矢状面代偿

7.5　相对的角度和速度

1. 以髋内外旋转为例

（1）髋内旋相对角度。

下面左图姿势中两条腿同时都在内旋，右腿内旋速度大于左腿，所以右腿相对左腿是内旋，左腿相对右腿是外旋。

（2）髋外旋相对角度。

下面右图姿势中两条腿同时都在外旋，右腿外旋速度大于左腿，所以右腿相对左腿是外旋，左腿相对右腿是内旋。

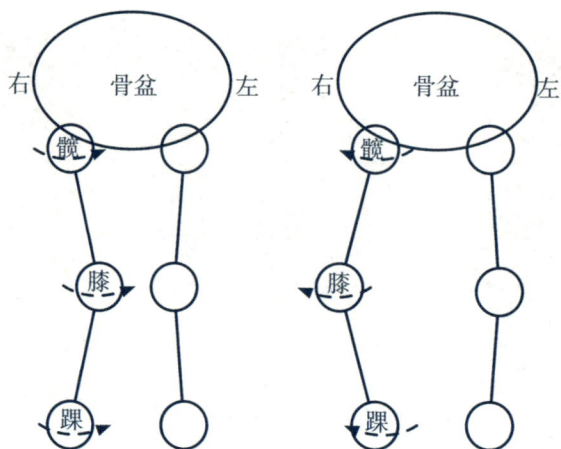

2. 角度对速度产生影响

在不同姿势中角度会影响步态中旋转的速度，所有两条腿的三个面的速度都相对会有差异，不是等同的，反过来又会在站姿中体现出两侧的差异。下面左图冠状面相对速度的差别很大时，在姿势中会体现出骨盆高低不一致，一高一低。下面右图水平面相对速度的差别很大时，在姿势中会体现出骨盆前后不一致，一前一后。通常这两种情况会同时出现，因为髋关节冠状面和水平面的代偿会同时出现。

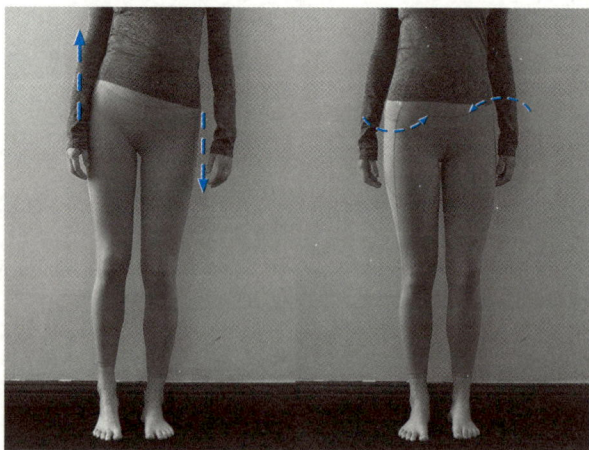

角度对速度产生影响

3. 旋转小·错位

没有人的身体两侧是一模一样的，都会有所差异。这个差异的波动很小时，可以看作两边是平衡的。差异的波动很大时，两边是失衡的，身体中的关节会发生旋转小错位，比如脊柱小关节面发生旋转错位。

7.6　对抗重力

1. 重力对身体的影响

只要在地球上，无论我们做什么都会受到重力的影响。重力可以让我们走路，也会在关节或者器官上产生压力，压力过大时会产生劳损或者病变。

2. 代偿的共性

发生三个运动平面代偿时，无论是衰老还是产生哪一种疾病，我们身体产生能量的能力都会下降，能量减少时身体对抗重力负面作用的能力会下降。

3. 制造向上的力

脚掌对地面的压力是身体压力的整体表现，这个表现说明身体机能的好坏。健康儿童轻盈的步态中上下的运动变化非常大，老年人和病人向上的运动会明显减少。我们用各种方法减轻身体过大的压力或者疾病后，最明显的表现就是步态的轻盈。步态中有向上的感觉说明身体的能量是足够用来对抗重力对身体的负面作用的。

8　关于疼痛的一些反思

8.1　进化赶不上变化

1. 过去和现在

（1）功能是进化的选择。

前面章节描述了在三个运动平面中，X 运动模式形成平衡的力，维持直立行走，这个功能是深深烙在我们基因里的。直立行走这个基本功能不可能随便出现。人解放双手，更多地使用大脑，不是一天两天的事，一个功能的进化不是几十年就可以完成的。

（2）远古时代。

在过去几十万年或是几百万年的时间里，人类为了生存，农耕渔猎，整天都在干活，大部分时间是需要直立行走的。从个体角度，人类的身体和野兽没法比，需要很好的协作才能活着。没有现代化的沟通工具，没有很好的交通工具，再加上地广人稀，人类进化出可以保持平衡直立行走的身体，真的是历尽艰辛。

（3）工业时代。

工业革命之后的这几百年，生产力快速发展，人类终于不需要为了吃而太过担忧了。吃的有保障了，人口也就越来越多，体力活都由机械完成，代步工具和联络工具都有了，人类一天走的路比过去少了很多，坐着的时间越来越长。

（4）信息时代。

到了近几十年，对直立行走的需求越来越少了。我们一天都坐着也不怕没有食物。人口越来越多。手机成为生活必备品。

2. 退化到一个平面

（1）功能退化。

文明的进步太快，快到人体无法跟上它的脚步。农耕渔猎时代，人体三个平面的 X 运动是一天大部分时候的需求；而信息时代我们每天只要坐着用手机就可

以工作交流。日常生活中大部分时间是在矢状面髋屈曲久坐，矢状面肘屈曲肩屈曲低头看手机，这样单一的运动模式代替了身体 X 形态在三个平面的运动，这对于我们的身体功能来说是一种退化。

（2）强和弱。

如果人每天大部分时间都是在使用矢状面屈曲这部分的肌肉，意味着这部分肌肉功能太强，而冠状面和水平面的肌肉功能太弱。从髋关节看，髋屈曲代替了髋伸展、髋外展、髋内收、髋外旋、髋内旋五种运动模式。想象一下某个团队中一个人干了其他五个人的活，时间长了，这个人会越来越强，其他五个人会越来越弱，这个团队想要健康成长是很难的。

（3）过去的人相对平衡。

在一个科学相对不发达的年代，人体的运动平衡机能非常好，较难生病，修复能力好。在一个科学相对发达的年代，人体的运动平衡机能非常差，容易生病，自我修复能力差。

（4）现代人太难了。

为了适应直立行走运动模式，身体产生的所有功能，很多都是万年进化的结果。如果身体要进化到能适应天天久坐或是每天十几个小时抱着手机，也要很多万年。在身体没有进化到适应这个状态之前，我们太难了。

8.2　人体自我保护系统

1. 闯红灯

每个人都有关节疼痛的经历，疼痛让我们很难受，因此大家都想治疗关节疼痛，让身体舒服。疼痛是一种自然保护机制，我们的身体就像是一辆正在行驶的机动车，绿灯表示身体没有问题可以继续开；疼痛表示红灯，提醒身体出现了问题，不能再开了，需要检修，有可能是发动机的问题，有可能是油的问题，也有可能是轮胎的问题引起红灯报警。

有人直接关掉红灯，没有了任何提醒和限制，大脑就可以继续指挥身体向前向前再向前。把所有的红灯都关掉了，就可以勇往直前，直到真的是动不了，才会停下来。

不关掉红灯，这样的疼痛又实在让我们难受，这时我们就要停下来反思，到底是什么原因引起疼痛，怎样去解决疼痛。

2. 整体张压模式——人体自我保护系统

不要从局部看一个疼痛的位置，而要把人体看成一个整体。人体具有一个完整的自我保护系统，这个系统就好比水利系统，压力是在身体里流动的。肌肉产生的力量是水流产生的压力，骨骼是水道用来输送压力，关节是水坝可以调整压力（如下图所示）。内部这样的压力循环经过身体每一个部分，相互之间是存在影响的。

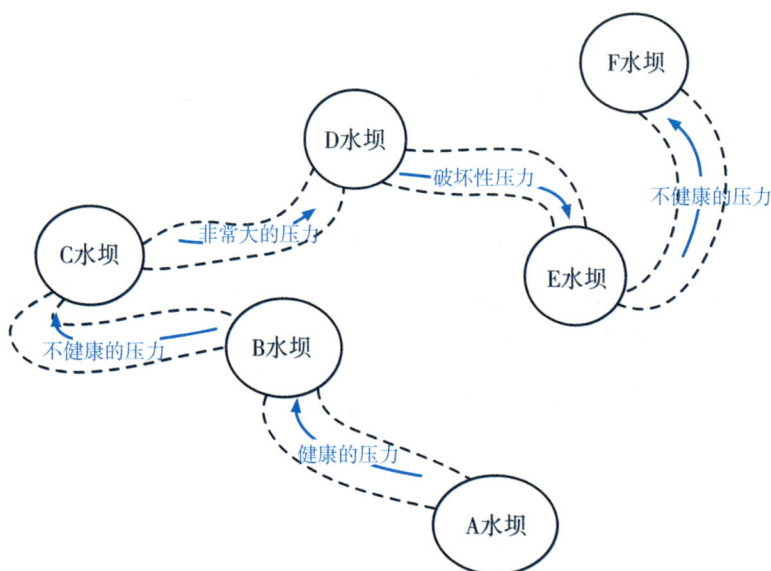

人体水利系统

（1）A 水坝产生健康的压力流到了 B 水坝。

（2）可能因为某些原因，B 水坝到 C 水坝间产生了不健康的压力。

（3）C 水坝开始有一些不适，但还不影响工作。

（4）因为 C 水坝的压力不能得到缓解和疏通，积压到了 D 水坝。

（5）D 水坝非常不适，直接把破坏性压力转移到 E 水坝。

（6）E 水坝不能正常运作了。这时身体的自我保护机制出现，让 E 水坝开始

紧张和疼痛，这样可以提醒大脑身体出问题了。

（7）如果我们直接加固或者检修 E 水坝，是可以分担很多压力，但是还是有少部分不健康的压力转移到 F 水坝。这样继续下去，压力会继续积压，直到下一个水坝因为压力过大无法工作。

找到引发 E 水坝瘫痪的原因，好过直接加固或拆除。我们要通过疼痛的保护机制，往回找到压力改变的源头。

8.3　紧张的状态

1. 压力性和张力性紧张

人体是可以承受一定的压力和张力的，适当的压力和张力对健康是有好处的。

（1）"迟钝的"压力。

当肌肉开始执行向心收缩时，我们不会马上感受到紧张，产生乳酸堆积后才会产生酸痛的感觉，这个过程是滞后的。比如收缩大腿后侧，你不会立刻感受到紧张，有可能第二天才会酸痛，这个信号在告诉你，疲劳了要休息了，否则身体有可能产生劳损。

（2）"敏感的"张力。

当肌肉开始执行离心收缩时，这块肌肉是处在拮抗肌的工作状态，拮抗肌的工作是限制关节做出超出范围的动作，因此会马上感受到很紧张。比如拉伸大腿后侧，你会立刻感受到紧张，这个信号是在提醒你，不要做出超出范围的动作，否则有可能受伤。

2. "善意的"紧张

无论是压力性紧张，还是张力性紧张，过度的时候都会对关节造成损伤。当某一位置长期出现疼痛时，是身体在发出警告，让我们正视这个问题，不然身体会越来越难受。这个疼痛是人体天然的保护机制，是报警器。现代人因为工作和生活方式需要过度向外关注，对自身的关注越来越少，这些"善意的"紧张其实是在提醒我们，工作或者生活方式是不是要适当地改一改了。

后 记

这本书是在大家的激励中写出来的。我在康复实践中，一直关注技术方法的创新研究，但从来都没有过写书的念头。由于机缘巧合，我和我的客户及其亲友共同组建了一个研究团队，团队的目标就是要将我的研究成果表达出来，进一步应用推广而使更多人获益，这使我倍受鼓舞。写作过程，我虽然有压力，甚至有失眠的体验，但却激发了很多灵感；当书稿完成并交付出版社时，有如释重负的感觉，也有强烈的获得感。本书的写作体验竟是如此丰富和奇妙，这将是我难以忘怀和无比欣慰的人生大事。在此，我衷心感谢团队的每一个成员，特别是为本书的出版做出精细策划并给予大力支持的郑文杰教授；感谢我的所有客户朋友们；感谢暨南大学出版社各环节给予帮助的老师；感谢为本书提供人体解剖图的西安维萨里数字科技有限责任公司；感谢为本书出版付出辛勤劳动的所有人。

本书作为"天生就是 X·人体力态学"丛书的第一册，主要阐述人体力态学的基础理论。人体力态学的结构模型可以概括为"X 型 + 滑轮组 + 张拉整体"。该模型有 4 个作用：①是一种有效的评估方法；②指导各种设备的开发；③设计康复动作；④和各种理疗技术融合。这是一个开放的理论框架，需要接受检验、进一步完善并加以开发应用。丛书的后续部分将诚邀志同道合的专家来共同完成，如《人体运动功能障碍及其干预》和《人体力态康复设备及手法》等。我和我的团队借此向每一位读者发出邀请，欢迎您随时加入这个团队，共同推动这个有益大众健康的事业。

吴霖

2021 年 4 月 6 日于苏州